HITZSCHLAG

KURT OSTBAHN
HITZSCHLAG

KRIMINALROMAN

VON

GÜNTER BRÖDL

HAYMON

Umschlag: Benno Peter

Die Deutsche Bibliothek – CIP-Einheitsaufnahme

Brödl, Günter:
Kurt Ostbahn, Hitzschlag : Kriminalroman - Innsbruck : Haymon-Verl., 1996
ISBN 3-85218-222-0
NE: Ostbahn, Kurt

Druck und Bindearbeit: Wiener Verlag, Himberg

Dieses Buch ist Doña Claudia gewidmet,
weil sie den Trainer so nimmt, wie er ist.

Nightlife ain't no good life,
but it's my life.

Willie Nelson

Diese plötzliche Durchkreuzung meiner Pläne machte mich plötzlich ganz konfus; und ich betrat die Spielsäle mit einem höchst widerwärtigen Gefühl.

F.M. Dostojewski

1

Draußen bläst ein Sandsturm, der sich gewaschen hat. Die Bananenstauden, die Palmen und das viele Grünzeug im Garten werden seit zwei Tagen ohne Unterlaß vom Wind gebeutelt und machen bereits einen ziemlich desperaten Eindruck. Zwei der zirka 25 Katzen, die täglich vor der Haustür oder auf der Terrasse um milde Gaben anstehen, haben sich kleinlaut in die windgeschützte Zone hinterm Griller verzogen. Und der Himmel trägt ein scheußliches, gelbstichiges Grau.

So oder ganz ähnlich muß der Weltuntergang aussehen.

Im Radio geben sie stündlich heiße Tips, wie man dieser ganz besonders fiesen Erfindung der Wettermacher, die – wenn ich mich nicht verhört hab – *Calima* heißt, begegnen soll. Was der spanische Sender empfiehlt, versteh ich nicht; und der Moderator der britischen Urlauber-Welle ist anscheinend selbst ein bißl ratlos. Er weiß zwar, daß sich der heiße trockene Wüstenwind, der von der Sahara herüberweht, empfindlich auf die Atemwege schlägt, aber sein Vorschlag, daheim zu bleiben und sich ein heißes Bad einzulassen, bringt mich nicht wirklich weiter.

Denn zum einen geht der Flüssigproviant zur Neige, was eine baldige Expedition in den nächstgelegenen Supermarkt notwendig macht, und zweitens verfügt der Bungalow, in dem ich seit zwei Tagen festsitze, zwar über ein Bad mit Wanne, aber das Leitungswasser hatte mit Einsetzen des Sandsturms zuerst das satte Gelb einer Urinprobe und seit heute Morgen die ungesunde Farbe des Calima-Himmels.

Und außerdem schlägt sich das Sauwetter bei mir weniger auf die Atemwege als aufs Gemüt. Zerknirschung, könnte man sagen. Zerknirschung und Katzenjammer. Im Verbund mit den körperlichen Spätfolgen einer epochalen Silvesterglut.

Aber das ist ein anderes Kapitel.

Während draußen der Sturm heult, tobt da herinnen meine ganz private Apokalypse. Zehntausend Fragen drängen auf zumindest halbwegs vernünftige Antworten. Und ich scheitere bereits an der ersten: Wie konnte es nur passieren, daß du dich heute, am 6. Jänner, dem Dreikönigstag, nicht in Stockerau von der Herta verwöhnen läßt, mit ihrem sensationellen Stefani-Braten und Erdäpfelpüree, wie sich das so gehört am höchsten Festtag der Karasek-Familie, sondern quasi am anderen Ende der Welt auf deren Untergang wartest, allein und bei 35 Grad, mit einer letzten Dose *Dorada* im Kühlschrank?

Klar. Ich könnte sagen, was ich mir schon so oft gesagt habe in meinem Leben: der Bertl ist schuld.

Also der Brehm-Bertl. Herbert Brehm, mein einstiger Schulkollege und ewiger Sargnagel. Aber das ist nur so eine Vermutung.

Obwohl: Wann immer sich unsere Wege kreuzten, und das geschah viel zu oft in den letzten 40 Jahren, endete das für mich in einer zumindest mittelgroßen Katastrophe.

Kartenleger, Sterndeuter oder die Frau Helga in der *Krone* haben dafür sicherlich eine schlüssige Erklärung. Wahrscheinlich sind der Bertl und ich eine astrologische Schicksalsgemeinschaft, aneinandergekettet bis in alle Ewigkeit. Vielleicht war ich dem Bertl in einem früheren Leben sogar eine Rabenmutter und muß das jetzt ausbaden, indem ich mich von ihm alle Jahre wieder einseifen, reinreiten und austricksen lasse.

Vielleicht ist es so. Ich weiß ja nicht. Vielleicht steht in den Sternen aber auch ganz was anderes: nämlich daß der Bertl schlicht und ergreifend ein Gfrast ist, eine Arschgeige und ein linker Agent, der sich immer dann an seinen Sitznachbarn in der Volksschule in der Keplergasse erinnert, wenn er eine seiner grenzgenialen Ideen hat, die ihm kein Risiko, aber die ganze Marie, seinem Partner hingegen nix als Zores einbringen.

Das mit dem Bertl ist, wie gesagt, nur so eine Vermutung. Ich habe seit gut zwei Jahren nichts mehr von ihm gehört und gesehen, und er wurde zuletzt in Venezuela gesichtet, als – angeblich – Privatsekretär eines österreichischen Honorarkonsuls.

Und außerdem, was hätte der Bertl davon, daß ich, anstatt im Kreise der Familie Karasek die heiligen Blueskönige Freddie, Albert und B.B. zu ehren, mutterseelenallein in einem zugigen Bungalow auf Teneriffa sitze? Nix. Oder läßt sich aus der Tatsache, daß es mir beschissen geht, weil angesichts der Wetterlage und der mysteriösen Ereignisse der letzten Tage keine rechte Urlaubsstimmung aufkommen will, irgendwie Profit schlagen? Wohl kaum. Denn wen interessiert schon, wann und wo der Kurtl *wirklich* den Blues hat?

Zehntausend Fragen. Und niemand weit und breit, außer der letzten Dose Bier im Eis, der mir bei der Beantwortung zur Hand gehen könnte.

Warten unter Palmen. Während der gelbgraue Sand durch sämtliche Fugen und Ritzen des Hauses kriecht. Und mit den Zähnen knirschen. Viel lauter als daheim. So laut, als hätte ich einen Monstertruck in meinem Kopf, der nur mir zuliebe auf dem Rollsplit einer Schottergrube das Reversieren übt.

Unermüdlich. Immer wieder.

2

Dabei war da jemand, der garantiert Bescheid weiß.

Sie heißt Sarah, glaub ich, und ist ein höchst erfreulicher Anblick, mit ihrem Hochglanzlächeln, ihren naturblonden Locken und den großen grünen Augen. Der männliche Betrachter ist quasi geblendet von soviel wohlgeformter Anmut, und nur so kann ich mir erklären, daß mir ihr massives Problem im Umgang mit der Wahrheit erst aufgefallen ist, als es bereits zu spät war.

Da saßen wir schon im Flieger in den Süden, ich immer noch euphorisiert von den gemeinsamen dreitägigen Silvesteraktivitäten, und Sarah guter Dinge, weil sie im *Rosi* ausgerechnet über mich gestolpert war, noch dazu genau im richtigen Moment. Ihre Freundin und Reisegefährtin lag nämlich mit eitriger Angina im Bett, und ich war als Ersatz die Idealbesetzung – ein solider Mensch mittleren Alters, ziemlich ungebunden, derzeit ohne berufliche Verpflichtungen und einem zehntägigen Pauschalabenteuer auf Teneriffa nicht wirklich abgeneigt. Noch dazu an der Seite einer Silvesterbekanntschaft, die zwar jung an Jahren, aber bereits reich an Erfahrungen war, und die diese auch bereitwilligst mit mir teilte.

Eine Studentin der Sprachwissenschaften noch dazu, also ein Mensch, bei dem man auch geistig eine Ansprache hat; kunstsinnig und musikinteressiert; und von einer Trinkfestigkeit, die nicht nur mir höchsten Respekt abforderte.

„Sei vorsichtig, Kurtl", sagte die Rosi, „die blonde Unschuld sauft dich noch untern Tisch."

Das war irgendwann am Neujahrstag. Ich weiß nur noch, daß im Fernseher über der Schank gerade der zweite Durchgang des Neujahrsspringens abgebrochen wurde, wegen des starken Schneegestöbers, und Sarah daraufhin noch eine Runde Baucherln bestellte.

Die mahnenden Worte meiner Wirtin taten dem geselligen

Trinken im *Rosi* und später dann in Sarahs auffallend unstudentischer Neubaubleibe nahe dem Wilhelminenspital aber keinen Abbruch. Und Rosis Warnung sollte erst bittere Wahrheit werden, als ich mich tags darauf nach ein paar Stunden komatösem Schlaf unter Sarahs Dusche wiederfand, mit dem dringenden Wunsch, jetzt auf der Stelle die Qualen meiner irdischen Existenz zu beenden und ins schmerzfreie Reich der Engel einzugehen, während Sarah milde lächelnd und splitternackt auf der Klobrille thronte und mir mit einem Gläschen Schaumwein zuprostete.

Das ist jetzt vier Tage her. Und meine anfängliche Begeisterung über das naturblonde Silvesterwunder mit den kampfsportmäßigen Trinkgewohnheiten ist deutlich abgekühlt.

Denn heute weiß ich: Sarah lügt wie gedruckt. Kein schöner Zug, aber damit könnte ich leben, zehn unbeschwerte Sonnentage lang. Was mir hingegen das Leben zur Hölle macht, ist die Tatsache, daß Sarah nicht mehr da ist.

Ganz einfach weg. Verschwunden. Seit gestern, 10 Uhr 20. Mit dem Mietwagen, den Rückflugtickets, ihren großen grünen Augen und zehntausend Antworten.

3

Es ist ganz und gar gegen meine Art, die Telefongespräche anderer Leute zu belauschen, aber die Filigranbauweise des Bungalows läßt einem ja keine andere Wahl.

Und so geschah es, daß ich gestern früh von Sarahs Stimme geweckt wurde.

„Ist der Bertl da?" sagte sie unten im Wohnzimmer ins Telefon, und ich saß wie vom Blitz gestreift kerzengrad und putzmunter im Bett. Sarah wiederholte die Frage, die am anderen Ende der Leitung aber offensichtlich nicht verstanden wurde, und nahm schließlich einen dritten Anlauf. Diesmal auf spanisch. Jetzt verstand ich nix, außer die drei magischen Worte: *Señor, Herbert* und *Brehm.*

Eine kurze Pause, in der sich mir sämtliche Nackenhaare aufstellten, dann wieder Sarahs Stimme. Glockenhell.

„Hallo. Wer war das denn? Dein spanisches Dienstmädl?"

Lachen. Es gibt also tatsächlich Menschen, die mit dem Bertl lachen können. Ein Menschenschlag, den ich nie näher kennenlernen wollte. Und jetzt wohne ich mit einer solchen unter einem Dach, trinke mich mit ihr um den Verstand und schlafe mit ihr im selben Bett.

„Niemand? Ahja. Du brauchst mir nix erklären, Bertl. Ich wollt dich auch nicht stören. Ich wollt mich nur rühren. Gut gelandet. Alles okay. Bis aufs Wetter. Sag, kannst du da nix dagegen unternehmen? Bei deinen Beziehungen, als großer Zampano!"

Kann nicht sein, daß der Brehm-Bertl, den ich an meinem ersten Schultag in einem Aufwaschen kennen- und hassengelernt habe, weil er seine schweinslederne Schultasche wortlos zwischen uns auf die Bank gestellt hat, um gleich einmal (und des Schreibens noch nicht einmal mächtig) klarzustellen, daß von ihm ganz bestimmt nie abgeschrieben wird, daß dieser Un-Bertl also plötzlich irgendwelche Beziehungen hat, die ihn zum großen Zampano machen. Ich weiß nur von seinen Beziehungen zu Frauen, und die waren ihm immer ein paar Nummern zu groß.

Nach längerem Schweigen wieder, glockenhell, Sarahs Stimme.

„Klar hab ich den mitgebracht. Er ist oben. Und es geht ihm gut, schätz ich. Ich hab ihn noch nicht gefragt. Und er ist ja nicht besonders gesprächig. Aber das mußt du eh wissen. Du kennst ihn ja länger als ich."

Dann war von einer Adresse die Rede, Avenida Soundso, die sich Sarah vorsichtshalber aufschreiben wollte, und davon, daß sie nur noch rasch unter die Dusche muß, ehe sie losfährt.

Und schlußendlich:

„Ich soll ihn dalassen? Warum? Ich hab geglaubt, er is so furchtbar wichtig für dich? Na gut. Bei mir is er eh gut aufgehoben. Also, bis später. Freu mich schon."

Ein Seufzer. Dann Sarahs Schritte auf der Treppe. Ich lag schweißgebadet und den unruhigen Morgenschlaf vortäuschend im Bett, als sie ins Zimmer kam und nach kurzem Wühlen in ihrer Handtasche im Bad verschwand.

Und dann sah ich sie, aus halb geschlossenen Augen und den Kopf voll wüster Gedanken, ein letztes Mal.

Ein unvergeßlicher Anblick, wie sie nackt vor dem Spiegel stand und Ordnung in ihre nassen Locken brachte, mit einer geradezu atemberaubenden Langsamkeit in ein winziges Höschen und die von Designerhand zerschlissene Jeans stieg und schließlich kurzentschlossen in das schwarze T-Shirt mit dem irgendwie prophetischen Aufdruck *Leiwand! Oder Oasch?* schlüpfte, das ich mir für den Fall eines nächtlichen Kälteeinbruchs bereitgelegt hatte.

Mit Todfeinden ist das so eine Sache. Man vergönnt ihnen nix. Und deshalb war ich wahrscheinlich auch sofort aus dem Bett und auf den Beinen, kaum daß Sarah den Bungalow in Richtung Bertl verlassen hatte.

Zuerst rannte ich im Schlafzimmer im Kreis, dann die Treppe runter, um auf dem Küchentisch die nächste Überraschung vorzufinden. Eine handschriftliche Botschaft, geschrieben auf die Rückseite eines Werbezettels für eine typisch bayerische Wirtschaft, die dem Teneriffa-Reisenden Betörendes wie Weißwürste, Brezen und Schweinshaxe, serviert in gemütlichem Ambiente ganz wie zu Hause in Aussicht stellte.

Buenas dias, mein Lieber!
10 Uhr 20. Habe einen dringenden Weg und wollte Dich nicht wecken. Nehme den Wagen. Kaffee ist in der Thermoskanne. Wie wärs mit einer guten Tat? Dann besorge

uns im Supermercado was Trinkbares. Und nicht vergessen: Bier heißt hier cerveza, und vino tinto ist der Rotwein. Freue mich auf später!

Sarah

Nachdem ich die Botschaft mehrmals studiert hatte, stellten sich nagende Zweifel ein.

Vielleicht tust du Sarah Unrecht, und es handelt sich bei dem alarmierenden Telefonat um eine akustische Täuschung. Ja, vielleicht flüsterten mir die tausend Stimmen des Windes, im Verbund mit ein paar Traumresten und etwas Restalkohol dieses Gespräch ins noch schlaftrunkene Ohr. Und wahrscheinlich hat Sarah tatsächlich nur einen dringenden Weg und wollte mich nicht wecken.

Als sie gegen Abend aber immer noch nicht zurück war und ich die undankbare Aufgabe hatte, die Einkäufe aus dem Supermercado ganz allein auszutrinken, machte ich mir zuerst natürlich Sorgen, die dann aber bald in einen leisen Grant umschlugen und schließlich in jene massive Zerknirschung, die immer noch und unvermindert anhält.

Ich hatte ja ausgereichend Gelegenheit, Sarahs Schreiben auf verschlüsselte Botschaften zu überprüfen. Aber da weist absolut nichts darauf hin, daß sie – zum Beispiel – mit dem Bertl eine mehrtägige Inselrundfahrt unternehmen oder sich aus dem 23. Stock einer der umliegenden Hotelburgen stürzen wollte.

Also was tun?

Zur Polizei gehen und mit Händen und Füßen erklären, was ich mir selbst nicht erklären kann? Oder auf eigene Faust nach Sarah suchen, in einer Stadt, die eigentlich keine Stadt ist, wie ich das gewöhnt bin, sondern eine gigantische Beherbergungs- und Vergnügungsanlage, die irgendwann neulich, zusammen mit dem überall sprießenden und blühenden Grün, in die Steinwüste zwischen Meeresstrand und den kahlen Bergesriesen gepflanzt wurde. Ich hätte in diesem Insel-Vegas mit seinen unzähligen Hotels, Bars, Spielhöllen, Einkaufszentren, Bungalowanlagen, Discos und Restaurants zirka eine Million Möglichkeiten, Sarah gerade ums Arschlecken zu verfehlen. Außerdem kann sie ihr dringender Weg auch in eine der vielen anderen Hotelstädte entlang der Küste geführt haben. Playa de las Americas ist bloß das Atlantic City der Insel, da gibts noch eine ganze Menge Renos, Vegas, Sodoms und Gomorrahs, in denen Gestalten wie der Bertl auf den Jackpot ihres Lebens warten.

In meiner Verzweiflung tat ich, was im Normalfall ebenso wenig meine Art ist wie das Abhören von Telefongesprächen anderer Leute: ich durchsuchte Sarahs Gepäck.

Der olivgrüne Lederkoffer brachte keinerlei Aufschlüsse, außer vielleicht, daß Sarahs Garderobe nur aus den teuersten Häusern von Mailand, Paris und New York stammt – diese reinseidene Schlampigkeit, die auf den ersten Blick aussieht wie Diebsgut aus dem Rotkreuz-Sackerl. Weitere hochkarätige Fetzen für teure Gelegenheiten hatte sie in den Wandschrank im Schlafzimmer gehängt. Aber in ihrer monströsen Badetasche, von der sie sich im Flugzeug nicht und nicht trennen wollte, weil da angeblich all ihre wichtigen persönlichen Dinge drin sind, stieß ich dann, eingewickelt in ein rosa Badetuch, auf diesen komischen Bladen mit dem lückenhaften Gebiß und dem stechenden Blick.

Der Dicke sieht uralt aus, und Figuren wie er stehen normalerweise im Museum. Ich kenn solche Typen ja mehr aus dem Kino: *Die Pyramide des Sonnengottes* zum Beispiel, mit Lex Barker, eine Karl-May-Verfilmung. Ein Lateinamerikaner also, aber aus der präkolumbianischen Zeit.

Dann gehört er aber, bittesehr, nicht ins Urlaubsgepäck einer angehenden Sprachwissenschafterin und hat auch auf Teneriffa nix verloren, höchstens, und das ist der letzte Stand meiner Überlegungen: der Typ ist garnicht so alt, wie er aussieht, also auch nicht echt. Eine Kopie, kunsthandwerklich sauber gearbeitet, aber an jedem Souvenirstandl zwischen

Xochitecatl und Popocatepetl für eine Handvoll Pesos käuflich zu erwerben. Und dann ist es nicht so sehr der Blade, den Sarah wie ihren Augapfel gehütet hat, seit wir von Wien weggeflogen sind, sondern sein Mageninhalt.

Ich würde sagen, ihr Reisebegleiter ist gut 70 Zentimeter hoch und zehn Kilo schwer. Den schleppt man nicht mit seinem Badezeug in den Urlaub, um ihn dort im Hotelzimmer aufs Nachtkastl zu stellen. Aber: in seinem Bauch läßt sich allerhand unterbringen, das man nicht jedermann, im besonderen neugierigen Zollbeamten, zeigen will.

Drogen, zum Beispiel. Kokain. Oder diese neuartigen Designerpillen, die die modebewußte Jugend einwirft, um sich noch schneller um den Verstand zu tanzen. Demnach wäre Sarah ein Drogenkurier, und ich, mitgefangen/mitgehangen, ihr argloser Komplize. Mir liegen keine Berichte über die Zustände in den kanarischen Zuchthäusern vor, aber was ich über die Haftbedingungen in anderen Ländern der spanisch sprechenden Welt gelesen habe, stimmt mich alles andere als heiter.

Andrerseits wiederum: Wer schmuggelt schon Kokain von Wien nach Teneriffa? Der Drogen-Highway verläuft anderswo. Aber ich muß zugeben, die Zeiten ändern sich und ich bin diesbezüglich nicht wirklich am laufenden. Der Bertl mit seiner Venezuela-Connection hingegen könnte in der Branche natürlich Fuß gefaßt oder zumindest Lunte gerochen haben. Wobei ich dann aber weniger auf Drogen, als auf Geld tippe. Also Drogengeld, das der Bertl im Auftrag irgendwelcher Kokainkaiser oder Extasybarone auf den kanarischen Inseln reinwaschen soll. Alles schon dagewesen. Und dem Bertl absolut zuzutrauen.

Wenn man, so wie ich, viel Zeit zum Nachdenken hat, kommt man auf allerhand Gedanken. Und einer macht mir ganz besonderes Kopfzerbrechen: Was ist, wenn der Blade in Sarahs Badetasche nicht mit Drogen angefüllt ist, sondern mit etwas ungleich Gefährlicherem, nämlich, sagen wir, mit

Plutonium? Dann lebe ich seit drei Tagen mit einem strahlenden Azteken unter einem Dach und weiß nicht, wie mir geschieht, wenn mir in ein paar Monaten die Haare und die Zähne ausfallen und sich im Inneren meines ohnedies krisenanfälligen Körpers der schleichende Tod breitmacht.

Ich wäre dann das ahnungslose Opfer internationaler Gangstersyndikate, und der Bertl – natürlich im Sold der russischen Mafia, die ja, wie man weiß, vermehrt in den prosperierenden Markt des Waffen- und Technologieschmuggels drängt – wär schuld daran.

Und das alles nur, weil ich mich am Silvesterball des *Espresso Rosi* nicht ausreichend erkundigt habe, ob meine naturblonde Eroberung nicht vielleicht persönlich mit einem Herbert Brehm bekannt ist oder gar dessen Komplizin in einem ganz besonders heimtückischen Komplott, dessen Ziel mein langsamer qualvoller Strahlentod ist.

Denn natürlich will sich der Bertl an mir rächen. Dafür, daß ich ihm in ewigen Versen ein würdiges Denkmal gesetzt hab.

Der geneigte Leser, die anmutige Leserin, die nicht nur meine Schriften, sondern auch meine musikalische Arbeit kennen und zu schätzen wissen, erinnern sich vielleicht noch an Lieder wie *Ina von uns 2 (lacht ohne Zähnt heut Nacht), Du bist und bleibst a W* oder *Bertl Braun* – alles Werke, die das Leben schrieb. Mein Leben mit Herbert Brehm.

Was die Strahlentod-Variante bei genauerer Überlegung jedoch ziemlich unwahrscheinlich macht, ist die Tatsache, daß die Statue ja in *Sarahs* Handgepäck unterwegs war und ich dem Bertl zwar viel zutraue, aber nicht so viel Hinterlist (oder Blödheit), seine Komplizin (oder Gespielin?) mit in den Tod zu schicken.

Egal. Irgendwas ist mit dem Azteken in der Badetasche auf jeden Fall nicht in Ordnung, und wenns nur seine Zähne sind.

Soviel läßt sich bereits mit Sicherheit sagen.

4

Der Supermarkt gleich unten an der Straße heißt *Mister Nice Price*.

Angesichts des rekordhaften Ansteigens seines Getränkeumsatzes in den letzten zwei Tagen, müßte der Mann mit den netten Preisen bei meinem Eintreffen den roten Teppich ausrollen und die Belegschaft Spalier stehen. Aber der Chef ist nie da, und sein Team, ein Trio pummeliger spanischer Teenager, trainiert zu kreischender Salsamusik aus dem Radio zwischen den Regalreihen lieber die neuesten Tanzschritte.

Also fülle ich völlig unbeachtet meinen Drahtkorb mit einem Vorrat an *Dorada*-Sixpacks, einem lokalen Roten, einer Flasche *Carlos III*, laut Sarah der feinste Brandy, der für wenig Geld zu haben ist, und der Neujahrsausgabe einer deutschsprachigen Inselzeitung, denn schließlich will man wissen, wo man eigentlich gelandet ist.

Ich bin im Grunde ein geduldiger Mensch. Aber als nach gut zehn Minuten noch immer niemand aus der Salsatruppe Anstalten macht, das Training zu unterbrechen und die Registrierkasse anzuwerfen, klappere ich demonstrativ gegentaktig mit meinen Dosen und Flaschen, was mir einen vernichtenden Blick der Vortänzerin einbringt. Salsa hat man im Blut, oder man läßt die Finger davon. Aber ich darf bezahlen. Schon während sie meine Einkäufe demonstrativ in Zeitlupe in den Nice-Price-Computer tippt und dabei mit den anderen Ballettösen scherzt und schnattert, beschleicht mich der Verdacht, mein letzter zerknitterter 1000-Peseten-Schein könnte eventuell nicht reichen. Der grün aufleuchtende Gesamtbetrag bestätigt dann nachhaltig, daß ich mit der hiesigen Währung noch nicht wirklich auf du bin.

„A blede Gschicht", sage ich und krame meine Bankomatkarte hervor.

Ein strenger Blick auf die Karte, die offensichtlich nicht kreditwürdig genug ausschaut. Dann ein stummes Kopfschütteln.

„Bankomato?“ frage ich.

Jetzt sieht mich die Vortänzerin ungläubig an und zeigt hinaus in den Weltuntergang. Dann räumt sie alles bis auf die Sechserpackung *Dorada* und die Inselzeitung aus dem Plastiksack zurück in den Einkaufskorb, kassiert mein letztes Bares und verläßt grußlos ihren Arbeitsplatz, um sich wieder dem Tanzsport zu widmen.

Die Straße ist menschenleer. Wer keinen dringenden Weg hat, der befolgt anscheinend den Rat meines ratlosen Radiomannes. Die Luken dicht, ein heißes Bad. Ich könnte mich zusätzlich, als Schlechtwetter-Bonus sozusagen, für ein Glas Brandy erwärmen, sagen wir *Carlos III,* der beste, der für wenig Geld zu haben ist. Und der zu zweit genossen erst so richtig zur Höchstform aufläuft. Garantiert. Aber wir werden es nie erfahren. Ohne Sarah, und ohne Bargeld.

Also schlage ich den imaginären Kragen meines daheimgebliebenen Lederjankers auf und kämpfe mich durch den Sandsturm in Richtung Veronica, jenem Stück Straße, auf dem man in mehreren Etagen alles kaufen kann. Tanzvergnügen und beinah goldene Uhren, fettige Pizzaschnitten und ganz junge Mädchen mit ganz alten Augen.

Und weil so viel Vergnügen auch seinen Preis hat, steht hier an jeder Ecke ein Geldautomat.

Aber nicht für mich.

Er schluckt zwar meine Karte und schreibt, auf entsprechenden Knopfdruck auch in Deutsch, daß er sich freut, mit mir ins Geschäft zu kommen, aber kaum daß ich ihm meinen Code eingetippt habe, überlegt er sichs anders.

Die Gültigkeit Ihrer Karte ist mit 31.12. abgelaufen, holen Sie sich von Ihrem Bankinstitut gefälligst eine neue, dann reden wir weiter. Wiederschaun.

Wer mich kennt, der weiß, daß ich in bescheidenen Verhältnissen groß geworden bin und gelernt habe, auf kleinem Fuß zu leben. Daheim, in der Reindorfgasse, funktioniert das auch heute noch. Tadellos. Ein halbwegs gut sortierter Kühlschrank, und es gibt auf Tage keinen wirklichen Grund, das Geld aus dem Haus zu tragen.

Hier ist das, fürchte ich, anders.

Allein mit sechs Dosen Bier, der Inselzeitung und keinem Zugriff auf das daheim Angesparte bläst plötzlich ein noch ganz anderer Wind.

„Großartig", sag ich.

5

An Dreikönigstagen wie diesem ist es beruhigend zu wissen, daß man irgendwo auf der Welt wahre Freunde hat.

Allerdings sollte man auch so umsichtig sein, stets deren Telefonnummern bei sich zu tragen. Für den Notfall, wie er zum Beispiel hier und jetzt eingetreten ist.

Da meine Fernreise jedoch nicht wirklich sorgfältig vorbereitet war, man könnte sogar von einem überstürzten Aufbruch ins Ungewisse sprechen, liegt mein kleines schwarzes Büchlein mit allen wichtigen Nummern irgendwo in der Reindorfgasse. Und im Kopf hab ich nur eine, nämlich die des Trainers.

Der Trainer ist einer der führenden Mitarbeiter jenes Rock-und-Roll-Mittelbetriebes, in dem ich den Posten des Zirkuspferdes bekleide, und der derzeit wegen Wintersperre geschlossen hat. Wir sind sozusagen Saisonarbeiter. Im Dienste der Volksgesundheit und Musiknahversorgung tätig von Ende März bis Anfang Oktober, also in der warmen Jahreszeit, denn man ist schließlich nimmer der Jüngste und muß schön langsam auch auf die eigene Gesundheit schauen. Und das Tourneeleben hat so seine Tücken: zugige Bandbusse, zugige Garderoben, zugige Konzertsäle, zugige Hotelbars (mit ungebührlich langen Öffnungszeiten).

Und der Mann, der Trainer heißt, einfach nur Trainer, so wie Sting, Dion oder (früher) Prince, ist während unserer langen Monate auf der Walz für das seelische und geistige Wohl der Musikkapelle zuständig. Während die Musiker auf der Bühne dann seelisch fit und geistig wach ihre Arbeit tun, trinkt er viel Bier und denkt dabei viel nach, vor allem über Fragen des Stils und guten Geschmacks, und ist mit seinen kompetenten (aber mitunter auch etwas ausufernden) Analysen ein strenger, aber gerechter Kritiker.

Die spielfreie Zeit verbringt er dann damit, mit seinen eigenen Problemen nicht zu Rande zu kommen. So lebt er auf permanentem Kriegsfuß mit der Finanz und den Banken, läßt sich von den Launen seines Computers das Leben zur Hölle machen und steht im Ruf, der schlechteste Autofahrer Österreichs (häufige Beifahrer behaupten sogar: des ganzen Universums) zu sein, was die traurige Bilanz von 27 Blechschäden allein im letzten Kalenderjahr in harten Zahlen belegt.

Seit der Trainer vor gut einem halben Jahr Frau, Kinder und Katzen verlassen hat, weil er pünktlich mit Erreichen der statistischen Lebensmitte von der Erkenntnis heimgesucht wurde, im Grunde seines Herzens kein Familienmensch zu sein, denkt und schreibt er mehr oder weniger rund um die Uhr, raucht dabei zirka einhundertfünfzig Zigaretten und trinkt dazu zirka ebenso viele Biere.

Ansonsten ist er ein friedliebender grüblerischer Mensch, der sich nicht viel anmerken läßt. Immer freundlich, hilfsbereit, zuvorkommend.

Aber heute ist nicht sein Tag.

„Servas, Trainer“, sage ich, als er nach hundert Mal Läuten endlich abhebt.

„Bist deppert? Wo bistn?“ sagt der Trainer.

„Las Americas“, sage ich.

„Ich rat Dir nur eins“, sagt der Trainer. „Zahl, schmeiß dich ins nächste Taxi und fahr am schnellsten Weg zum Karasek! Der King dreht schon halbert durch!“

Ich versuche dem Trainer in knappen Worten zu erklären, daß die traditionelle Dreikönigsfeier im Hause Karasek heuer aus verkehrs- und distanztechnischen Gründen in Abwesenheit meiner Wenigkeit stattfinden muß und ich derzeit ganz andere Sorgen habe als der King, aber keinen Stefanibraten mit Püree, der mir Magen und Seele wärmt.

Aber der Trainer kennt keine Einsicht. Heute ist er stur.

„Okay“, sagt er nach einem Stoßseufzer. „Wir machen folgendes: Du bleibst, wo du bist, ich hol dich ab und bring dich nach Stockerau. Das kannst du dem King einfach nicht antun, Kurtl. Das bricht dem Alten das Herz. Ein Dreikönigsfressen, und du bist nicht dabei. Was ist das überhaupt für eine Hütten, in der du da abgestürzt bist? Ein neuer Mexikaner? Und was machen die da für einen Wirbel? Ist das Tekkno, oder was?“

„Das ist der Calima“, sage ich müde.

„Kenn ich nicht. Kann auch so bleiben. Aber seit wann hörst du dir freiwillig sowas an?“

„Das ist ein Sandsturm, Trainer, und der rüttelt an den Türen und Fenstern von einem Bungalow auf Teneriffa, in den es mich durch eine Verkettung unglückseliger Umstände, für die ich alle nix kann, verschlagen hat. Und du bist momentan der einzige Mensch auf Gottes Erdboden, der mir helfen kann. Also bitte red nix, sondern hör mir zu. Ruf zuerst den Diplom-Ingenieur an und sag ihm, er soll die Dings anrufen, die Bärbel, und sie fragen, ob sich gestern oder heute die Sarah bei ihr gemeldet hat, weil die ist seit gestern früh verschwunden ...“

„Moment“, fällt mir der Trainer ins Wort. „Wer ist die Bärbel? Und wer ist die Sarah? Und wie kommst du, bitte, nach Teneriffa? Das is doch weit weg.“

Manchmal ist es wirklich schwer mit dem Trainer. Aber in Notsituationen wie dieser kann man sich seine Helfer nicht aussuchen. Da muß man nehmen, was man kriegt. Also nehme ich mich am Zügel und berichte dem Trainer langsam zum Mitschreiben und in wohlgesetzten Worten, was mir seit der Silvesternacht im *Rosi* so alles zugestoßen ist.

Daß zuerst der Diplom-Ingenieur, also mein vormaliger Schlagwerker, Herr Eduard „Romeo“ Jedelsky, „bei einer ziemlich spektakulären Gachblonden gebraten hat wie ein Blöder“ (O-Ton Trainer), dann aber wegen einer alkoholbedingten Lähmung des Sprachzentrums sozusagen fliegend an mich übergeben mußte, daran kann sich der Trainer noch gut erinnern. Sehr gut sogar. Weil man im *Rosi* dermaßen attraktive Frauen nicht alle Tage zu Gesicht bekommt, und er sich am Heimweg noch gefragt hat, warum diese unbekannte Schöne Silvester ausgerechnet in so schlechter Gesellschaft feiern wollte.

„Wunderbar. Wir halten also fest: Genau das ist die Sarah, mit der ich blöder Hund auf Teneriffa geflogen bin“, sage ich, „und diese Sarah hat eine Freundin, die Bärbel heißt und mit eitriger Angina in Wien im Bett liegt, anstatt hier dem Calima zu lauschen. Und der Diplom-Ingenieur wiederum kennt besagte Bärbel, weil er fast alle Frauen Wiens kennt, und noch mehr in den Bundesländern, wie wir alle wissen.“

Der Trainer lacht. Das Eis ist gebrochen. Dann lauscht er zirka eine Stunde andächtig meinen Ausführungen, um schließlich eine seiner typischen Elferfragen zu stellen:

„Und wo ist der Azteke mit dem rosa Badetüchl jetzt?“

„Oben. Im Schlafzimmer. Warum?“

„Gefährlich“, sagt der Trainer. Und: „Bleib beim Telefon. Ich check das alles. Aber ehrlich, Kurtl: dich kann man nicht einen Tag allein lassen.“

6

Wäre ich der Elvis und das Ganze nur ein Film, wüßte ich, wies weitergeht:

Ich würde ruhelos durchs Haus wandern und irgendwo am Dachboden eine alte Gitarre finden. Mit der mache ich dann einen Abendspaziergang über den weißen Strand, heule den aufgehenden Mond an und bin schon nach wenigen Takten meines todtraurigen Schlagers nicht mehr allein. Zwei lustige Kampeln gesellen sich zu mir, der eine schleppt einen riesigen Stehbaß mit sich herum, der andere hat die Bongotrommeln im Gepäck, und beide sind sie auf der Suche nach einem Sänger, der auch ein wenig die Gitarre schlagen kann. Keine fünf Minuten später haben wir ein Engagement in der heißesten Strandbar der Stadt, und nach unserem ersten Set liegt uns ganz Las Americas zu Füßen. Tanz, Spaß und gute Laune bis in den frühen Morgen, und dazu noch eine Gage, für die wir uns gleich nach dem Frühstück einen funkelnagelneuen *Chrysler Voyager* mit Klimaanlage kaufen, um auch den Rest der Insel und dann die ganze Welt zu erobern.

Das wirkliche Leben hält, trotz ruhelosen Wanderns durch den Bungalow, keine alte Gitarre bereit. Und so hocke ich bald wieder neben dem Telefon auf der Couch, die man zu einem Zusatzbett ausklappen kann, warte auf den Rückruf des Trainers und vertreibe mir die Zeit mit dem Lokalteil des Inselzeitung.

In den Bungalowanlagen hier im Süden, die vor allem von älteren Menschen bewohnt werden, die ihren Lebensabend als Dauerurlauber verbringen, ist seit geraumer Zeit eine Bande algerischer Einschleichdiebe am Werk. Neulich nachts hat sich gleich hier in der Nachbarschaft ein Klettermaxe über die Bougainvillea auf den Balkon im Obergeschoß gehantelt, die Balkontür aufgedrückt und einem betagten englischen Ehepaar, sozusagen im Schlaf, die

Nachtkastln ausgeräumt. Als die Opfer durch das Getöse eines im Garten tobenden Katzenkrieges aus dem Schlaf gerissen wurden, war der Dieb mit Schmuck, Kreditkarten, Bargeld und Reisepässen längst über alle Berge.

Die Inselzeitung empfiehlt den Einbau eines Wandsafes und die Montage von Sicherheitsgittern vor Türen und Fenstern.

Am Christtag hat eine deutsche Urlauberfamilie am Parkplatz vor der Abflughalle des *Aeropuerto La Reina Sofia*, das ist keine 20 Kilometer von hier, einen grausigen Fund gemacht. Angelockt durch den bestialischen Gestank, hat der 14jährige Sohn der Familie K. aus Essen den Kofferraum eines abgestellten Mietwagens geöffnet und dort die Leiche der 26jährigen Adrienne B. gefunden, Mitarbeiterin eines Timesharing-Unternehmens in Los Christianos. Kollegen, Freunde und Nachbarn der attraktiven Belgierin wissen bestürzt zu berichten, daß Adrienne häufig wechselnde Männerbekanntschaften hatte und ihr Appartement zuletzt mit einem zirka 40jährigen Franzosen geteilt hat, mit dem es nachts häufig zu lautstarken Auseinandersetzungen kam.

Die Inselzeitung empfiehlt jungen Frauen, im Umgang mit Unbekannten Vorsicht walten zu lassen.

Vor einem Shopping Center unten beim Strand wurde am Stefanitag die 36jährige Elvira H. verhaftet. Sie trug einen Packen gefälschter 1000-Peseten-Scheine bei sich. Die Frau hatte die Blüten in Heimarbeit vervielfältigt und handkoloriert. Was die Polizei verblüfft: Der gelernten Krankenschwester war es wochenlang gelungen, die gefälschten Banknoten bei Einkäufen auf der ganzen Insel in Umlauf zu bringen.

Die Inselzeitung empfiehlt, beim Wechselgeld auf Unregelmäßigkeiten zu achten.

In der Discothek *Pleasure Dome II* unten an der Veronica kam es in den frühen Morgenstunden des 30. Dezember zu einem Zwischenfall mit letalen Folgen. Der DJ wollte sein dröhnendes Nachtwerk eben beenden, als er von den drei letzten Gästen zuerst in rüdem Ton und schließlich unter Androhung von Waffengewalt am Verlassen seines Arbeitsplatzes gehindert wurde. Als der Barmann und der Geschäftsführer des Tanzpalasts dem verängstigten Plattenreiter zu Hilfe eilten, kam es zu einem Handgemenge, in dessen Verlauf einer der Gäste ein Messer zog und dem Barkeeper in den Hals stieß. Der 42jährige Emilio C. starb beim Transport ins Krankenhaus von Las Americas. Der Täter und seine beiden Begleiter, vermutlich britische Urlauber, konnten unerkannt entkommen.

Die Inselzeitung empfiehlt allen DJs, trotz dieses tragischen Vorfalls, der hoffentlich nicht Schule macht, die gesetzlichen Sperrstunden einzuhalten, auch in Rücksicht auf die vielen älteren Bewohner, die sich bei frühmorgendlichen Spaziergängen von der lauten Discomusik belästigt, wenn nicht gar bedroht fühlen könnten.

Ebenfalls am Morgen des 30. Dezember lieferte der 23jährige Angel R. der Polizei eine wilde Verfolgungsjagd durch die halbe Stadt, als er – unter dem Einfluß von Drogen und Alkohol – in einem gestohlenen Mietwagen mit überhöhter Geschwindkeit gegen die Einbahn in Richtung *Autopista del Sur* raste. Vor dem Hotel *Palm Beach* verlor er die Kontrolle über das Fahrzeug, köpfte zuerst ein Dutzend Palmenbabies am Straßenrand und beschädigte anschließend ein Dutzend ordnungsgemäß geparkter Autos, ehe er den Zaun der *Palm Beach*-Tennisanlage durchstieß und auf dem Sandplatz zum Stehen kam. Der Amokfahrer setzte seine Flucht zu Fuß fort und wurde von der Polizei erst eine Stunde später gestellt. Erboste Morgenschwimmer aus der benachbarten Bungalowanlage hatten ihn schlafend am Rand ihres Swimming Pools gefunden und die Exekutive alarmiert.

Die Inselzeitung empfiehlt den Hotel- und Bungalowbesitzern, ihre Anlagen durch hohe Zäune, eventuell auch mit

Stacheldraht, vor ungebetenen Gästen und vandalischen Eindringlingen zu schützen.

Und was empfiehlt die Inselzeitung einem Pauschalreisenden mit abgelaufener Bankomatkarte, dem in diesem Babylon der einzige Grund seiner Reise abhanden gekommen ist?

Warten.

7

Der Himmel ist bereits schwarz, pechschwarz, als der Trainer endlich zurückruft.

Er hört sich nicht gut an. Irgendwie besorgt.

„Folgendes", sagt er. „Ich hab mit dem Diplom-Ingenieur geredet, und er sagt, die Bärbel hat keine eitrige Angina, sondern eine Sehnenscheidenentzündung."

„Verstehe", sage ich.

„Und außerdem, sagt der Diplom-Ingenieur, hat seine Bärbel keine Freundin, die Sarah heißt, und hätte sie eine, dann würde sie mit ihr garantiert nicht nach Teneriffa fliegen, sondern sich was zusammensparen und eine Feuerlandrundreise machen. Das ist in Südamerika."

„Aha", sage ich.

„Ich hab ja den schweren Verdacht", sagt der Trainer, „daß du in den letzten Tagen irgendwas durcheinandergebracht hast."

„Möglicherweise", sage ich.

Dann will er den Familiennamen der Sarah wissen, die zwar keine Freundin namens Bärbel hat, aber ohne Zweifel Teilschuld an meiner Kopf-, Trost- und Ratlosigkeit.

„Weiß ich nicht", sage ich. „Irgendwas mit Beck. Kaltenbeck. Steinbeck. Reinbeck."

„Comeback?" sagt der Trainer und lacht. Er sollte nicht versuchen, witzig zu sein. Das ist nicht sein Revier.

Dann hat er den ersten guten Einfall des Abends. Die Adressenkärtchen auf Sarahs Koffer und Badetasche.

„Alles klar", sage ich, vom Sprint hinauf ins Schlafzimmer und wieder retour ziemlich außer Atem.

„Sie heißt Resch. Sarah Resch."

„Ohne Beck?"

„Ohne Beck. Was hast du vor, Trainer?"

„Nix. Ich werd den Doc anrufen. Dem fällt immer was ein."

Doktor Trash, einfach nur Dr. Trash, wie Dr. Hook oder Dr. Feelgood oder (jüngst) Dr. Alban, ist – was das Überleben in der Computerwelt betrifft – der große und geduldige Lehrmeister des Trainers. Eine Koryphäe am PC, wenn Sie mir diesen launigen Reim gestatten, und ein noktambules Arbeitstier, das sein Datenhauptquartier in der Kirchengasse bei Sonnenschein unter gar keinen Umständen, und ansonsten auch nur in äußersten Notfällen verläßt. Und doch ist der Doc ein weitgereister Mann. Auf dem Datenhighway. Womit der Privatgelehrte tatsächlich das viele Geld verdient, das seine virtuelle Globetrotterei verschlingt, entzieht sich meiner Kenntnis. Manchmal ist er Berater bei Film und Fernsehen, gelegentlich publiziert er auch in Fachmagazinen, und stets sind es Arbeiten zu einem einzigen Thema:

Mord und Totschlag.

Aber der Doc ist auch mit weniger kapitalen Verbrechen wohl vertraut. Mit Entführung zum Beispiel, oder Mädchenhandel und Menschenraub.

Wenn der Trainer nun diese fleischgewordene Enzyklopädie des Schreckens in seine Überlegungen mit einbeziehen will, dann hat das nix Gutes zu bedeuten. Als ich das letzte Mal, gut ein Jahr wirds jetzt her sein, die Hilfe von Trash & Trainer in Anspruch nahm, trieben sie mich, wie sich die Stammleserschaft sicherlich erinnern kann, eiskalt und ohne mit der Wimper zu zucken in die Arme eines geistig abnormen Rechtsbrechers, der mittlerweile als der *Schlächter von*

Sechshaus in die Wiener Kriminalgeschichte eingegangen ist.

Der Quereinsteiger sei nur am Rande darauf verwiesen, daß meine Aufzeichnungen zu diesem spektakulären Fall unter dem zugegebenermaßen reißerischen Titel *Blutrausch* im gut sortierten Buchhandel erhältlich sind.

„Das mit dem Doc ist vielleicht keine so gute Idee", sage ich also zum Trainer, „und überhaupt: Was mir momentan noch mehr Sorgen macht als die Sarah, ist die Marie."

Ich umreiße ihm kurz mein Bankomat-Problem, aber der Trainer reagiert, wie nicht anders zu erwarten, ziemlich reserviert.

„Und was soll ich da machen?" sagt er. Und dann sein Stehsatz in Geldangelegenheiten:

„Ich hab selber nix."

„Scheiße", sage ich.

„Du sagst es", sagt der Trainer, und will mir dann lang und breit erklären, warum er sich seit der Silvesternacht im *Rosi* eigentlich ununterbrochen überlegt, ob er nicht seinen Privatkonkurs anmelden soll.

Ich will ihn jetzt nicht trösten, weil mich auch niemand tröstet. Stattdessen bitte ich ihn dringend, den Kohlen-Güntl, unseren Ton- und Zahlmeister, zu verständigen. Das ist ein Mann der Tat, der garantiert Mittel und Wege weiß, wie man einem plötzlich in Not geratenen Kollegen rasch und unbürokratisch das zum Überleben notwenige Kleingeld zukommen läßt.

„Ich würd dir ja gern helfen", sagt der Trainer kleinlaut, „aber du weißt eh ..."

„Ich weiß. Du hast selber nix."

8

Es gibt Dinge, die tut man ganz einfach nicht.

Man belauscht andere Leute nicht beim Telefonieren. Man kramt nicht in ihren Sachen. Und man packt an einem, im Pauschalpreis inbegriffenen Frühstücksbuffett nicht 20 Deka Preßschinken, 10 Deka kanarische Salami, 25 Deka Edamer und ein halbes Kilo Weißbrot in das vorsorglich mitgebrachte Plastiksackerl, um für den Rest des Tages keinen Gedanken an die Menage verschwenden zu müssen. Nein. Sowas tut man wirklich nicht, werden Sie sagen. Und ich gebe Ihnen recht. Aber versetzen Sie sich einmal in meine Lage. Das schöne Wetter allein macht auch mich nicht satt.

Apropos: Der schwärzeste Dreikönigstag meines Lebens ist vorüber, und mit ihm der Calima. Plötzlich ist Frühling. Die Kanarienvögel jubilieren. Die Sonne lacht. Das Meer ist nicht nur glatt wie ein Seidentuch, sondern endlich auch so blau, wie sichs gehört. Und ich schaue nach einem späten Frühstück beim Pool vorbei, der den Gästen der Bungalowanlage gratis zur Verfügung steht.

Nach den trüben Erfahrungen der letzten Tage will ich ganz einfach wissen, wie man sich hier als Urlauber fühlt.

Im Pool prügelt sich ein halbes Dutzend Halbwüchsiger um ein grünes Krokodil. Die Sonnenliegen sind von käsigen Neuankömmlingen belegt, die Schattenplätze von tiefbraunen Senioren. Aber an der Pool-Bar sind noch ein paar Hocker frei.

„Una cerveza, por favor", sage ich zu dem fröhlichen jungen Mann hinter der Bar und halte ihm meinen Bungalowschlüssel hin.

„Only cash, Señor", sagt er, glaub ich. Aber ich tu so, als verstehe ich ihn nicht, und nicke ihm nur aufmunternd zu.

„Hier nur bar, comprende?" sagt er, und es klingt immer noch fröhlich.

„Bar. Si, si", sage ich fröhlich zurück.

„Ah, ein Landsmann!“, meldet sich eine dunkle weibliche Stimme.

Sie gehört der Dame neben mir. Viel Gold. Von den Ohrklips bis zu den Pantoffeln. Ein Lächeln, daß die Jacketkronen nur so blitzen. Und eine geradezu unverschämte Bräune, sicherlich auch unter dem weißen Badekleid.

„Sie sehen ja ganz blaß aus. Darf ich Sie auf das Bier einladen?“ erkundigt sie sich und gibt, ohne meine Antwort abzuwarten, dem fröhlichen Jüngling hinter der Bar die entsprechenden Anweisungen.

„Ilse“, sagt sie dann, als sie ihr Glas Gin Tonic hebt, um mit mir anzustoßen.

„Kurt“, sage ich zurück und frage mich gleichzeitig, ob mir meine Bankomat-Malaise ins Gesicht geschrieben steht und ich mich jetzt für die milde Gabe dankbar erweisen muß.

Aber Frau Ilse, eine fesche Frau so in meinen Jahren, allerdings mit einem leicht verhärmten Zug um den Mund, hängt ganz anderen Gedanken nach.

„Immer wieder schön, eine Stimme aus der Heimat zu hören. Es gibt ja kaum Österreicher hier. Leider. Fast nur Deutsche, und vor allem Engländer“, sagt sie und läßt mich nicht mehr aus den Augen.

„Sagen Sie, kennen wir uns vielleicht von früher? Was machen Sie beruflich?“

„Schwer zu sagen“, sage ich. „Ich bin sozusagen in der Unterhaltungsbranche.“

Frau Ilse blinzelt mich über den Rand ihres Gin-Tonic-Glases an, länger als das meinem strapazierten Nervenkostüm gut tut, und drückt mir dann ihre Sonnenbrille in die Hand.

„Tun Sie mir den Gefallen und setzen Sie die kurz einmal auf“, sagt sie, und obwohl ich Böses ahne, kann ich ausnahmsweise nicht nein sagen.

Mit ihrer Designerbrille auf der Nase winke ich mir ein nächstes Bier und Frau Ilse noch einen Gin Tonic heran.

„Sie sinds wirklich, gelt? Mich trifft gleich der Schlag“, sagt sie in einer Lautstärke, daß die Badegäste auf ihren Pritschen die Hälse verrenken. Und dann erklärt sie dem spanischen Barmann in seiner Landessprache offensichtlich den Grund ihrer plötzlichen Gemütsaufwallung. Der freundliche Jüngling mustert mich zuerst ungläubig, schenkt mir dann ein pflichtbewußtes Lächeln und sagt dazu irgendwas Höfliches.

„Und Sie sind schon länger hier?“ sage ich zu Frau Ilse, um mir weitere Peinlichkeiten zu ersparen.

„14 Jahre. Eine lange Zeit.“

Wie sie das sagt, legt die Vermutung nahe, daß diese lange Zeit nicht immer auch eine schöne Zeit gewesen ist.

Sie prostet mir mit ihrem nächsten Gin Tonic zu und läßt dann den Blick demonstrativ über den Pool schweifen.

„Und Sie? Ganz allein unterwegs? Kann ich mir nicht vorstellen.“

„Mehr oder weniger“, sage ich, weil ich nicht so recht weiß, ob eine eben erst geschlossene Urlaubsbekanntschaft der Belastung meiner sich himmelhoch auftürmenden Probleme gewachsen ist. Sarah. Der Bertl. Der Azteke. Sie könnten eine sich zart anbahnende Freundschaft mit einem Schlag zunichte machen.

Aber Frau Ilse läßt sich, gottlob, von meiner kryptischen Antwort nicht beirren und besteht darauf, daß ich heute abend ihr Gast bin. Im *Paradise Steakhouse*, dem Terrassen-Restaurant gleich neben dem *Mister Nice Price*, das mir bisher nur wegen seiner geschmalzenen Preise aufgefallen ist.

Darauf muß ich gleich noch einmal mit ihr anstoßen, diesmal aber mit einem Gin Tonic, und drei oder vier Gläschen später weiß ich, a) daß Frau Ilse über die Vorzüge und Tücken des Wacholdernen viel besser Bescheid weiß als ich, b) daß sie vor vierzehn Jahren mit ihrem Mann auf die Insel gekommen ist, weil er sich hier was aufbauen wollte, nämlich eine Autovermietung, c) daß ihr Mann Walter heißt und heute abend eventuell dazustoßen wird, wenn es ihm seine Zeit erlaubt, und d) daß ich jetzt, schon so kurz nach dem Aufstehen, bereits das dringende Bedürfnis nach der hierorts üblichen Siesta verspüre.

Frau Ilse hat dafür vollstes Verständnis.

„Das ist die Klimaumstellung", sagt sie.

„Wahrscheinlich", sage ich.

„Oder haben Sie letzte Nacht gelumpt?"

Ihr Lachen gefällt mir.

Und als ich ein paar Minuten später auf dem Diwan im Bungalow die Augen schließe, stelle ich mir wieder einmal die entscheidende Frage, ob man in den Armen einer reifen Frau nicht viel besser aufgehoben ist.

9

Die beiden Herren, die mich um den wohlverdienten Nachmittagsschlaf bringen, könnten Zwillinge sein. Wie sie so in der Tür stehen, in ihren dunklen Anzügen, den dunklen Sonnenbrillen und mit den dunklen, militärisch kurz geschnittenen Haaren, sind sie eigentlich nur an Muster und Farbe ihrer Krawatten zu unterscheiden.

Aber sie heißen Gomez und Alvarez.

Was ihre Profession angeht, so gibt es meiner Einschätzung nach nur zwei Möglichkeiten: entweder sie sind bezahlte Killer oder von der Polizei.

Nachdem mir die beiden aber ungefragt ihre Namen genannt haben, tippe ich auf letzteres und bitte die Herren freundlich, ganz einfach einzutreten, abzulegen und mir den Grund ihres Besuches zu verraten.

„Una cerveza?" frage ich auch noch, angesichts der brütenden Nachmittagshitze, und weil es sich meiner Erfahrung nach bei einem kühlen Bier gleich ganz anders redet. Auch mit Polizeibeamten.

Aber Gomez und Alvarez winken ab. Dienst ist Dienst.

Während sich Gomez (erkennbar am dezent grüngrau gesprenkelten Schlips) im Wohnzimmer und der Kochnische umsieht, wo er außer zwei Dutzend leeren *Dorada*-Dosen nicht viel Persönliches zu sehen bekommt, erkundigt sich Alvarez (erkennbar an den vielen kleinen roten Ankern auf blauem Untergrund) nach Name, Alter, Herkunft, das Übliche halt.

Trotzdem will ich wissen, warum er das alles wissen will.

Da wirft Alvarez seinem Kollegen einen stummen Blick zu, und der zieht ebenso wortlos ein Ding aus der Tasche, das aussieht wie ein Schlagring.

Als es vor mir auf dem Tisch liegt, und Alvarez vermutlich von mir wissen will, ob ich das Ding schon einmal gesehen habe, sieht es nicht mehr aus wie ein Schlagring, sondern wie ein Schlüsselbund.

Sarahs Schlüsselbund.

Ein faustgroßer Messingring mit den Schlüsseln ihrer Wiener Wohnung dran und ihrem Bungalowschlüssel mit dem hölzernen Anhänger, in den Name und Adresse der Anlage sowie ein „C-17“ eingeschnitzt sind.

„Sie haben C-17. Das ist gleich hier links die dritte Zeile, Bungalow 17. Frühstück ist von 8 bis halb 11 drüben im Clubhaus. Ich wünsche Ihnen einen angenehmen Aufenthalt“, sagte die Empfangsdame an der *Oasis*-Rezeption vor einer halben Ewigkeit.

„Wo haben Sie den her?“ sage ich zu Gomez und Alvarez und fühle mich schon wieder garnicht gut.

Die beiden Herren sehen mir das an, beraten sich lang und mächtig und geben schließlich eine noch längere Erklärung ab, von der ich ausschließlich Bahnhof verstehe.

Ich möchte Sie nicht mit der Niederschrift der nachfolgenden Konversation langweilen, die von beiden Seiten in vielen Sprachen, in erster Linie aber mit Handzeichen, geführt wurde.

Nach einer halben Stunde Palaver sind Gomez, Alvarez und ich jedenfalls fast so schlau wie zuvor.

Ich weiß nur: Irgendwas ist passiert. Oben in den Bergen. Und Sarah oder ihre Schlüsseln spielen dabei eine nicht unwesentliche Rolle.

Dann haben Gomez und Alvarez eine Idee. Gomez zeigt auf das Telefon, und Alvarez fragt mich, ob er es benutzen darf.

„Si, si", sage ich. „Logo. Of course. Nur zu."

Und nur eine Minute später stellen sie mir eine Dolmetscherin in Aussicht und möglicherweise auch einen Kaffee, vorausgesetzt, ich begleite sie mit aufs Revier.

„Okay", sage ich, „vamos!"

10

Gomez schleift sich im Halteverbot vor der Polizeistation ein. Alvarez springt aus dem zivilen Ermittlungsfahrzeug und deutet mir, schön brav sitzen zu bleiben. Und ich fürchte, das mit dem Kaffee war entweder ein Hörfehler oder ein alter Bullentrick, der mir bisher entgangen ist.

Während draußen auf der Straße Weihnachtsurlauber aus aller Herren Länder ihren frisch angezüchteten Sonnenbrand ausführen und lokale Teenager auf ihren Mopeds Jagd auf sie machen, als wäre auf verkehrstote Touristen ein Kopfgeld ausgesetzt, raucht sich Gomez seelenruhig eine Marlboro an und schweigt sich aus.

Vielleicht denkt er an die Familie daheim, oder an die Freundin, oder daran, wie kommod er es doch haben könnte, wenn die vielen tausend Touristen mit ihren vielen tausend Ängsten, Sorgen und Lastern doch dort blieben, wo sie hingehören.

Und ich denke an Sarah, und ob es nicht vielleicht schlauer gewesen wäre, anstatt des fernen und umständlichen Trainers beizeiten die hiesigen und effektiven Polizeibehörden zu verständigen.

Aber das viele Denken hilft nix. Jetzt ist es zu spät. Jetzt ist es passiert. Und wir können uns nur noch um Schadensbegrenzung bemühen.

Alvarez kommt wieder, ohne Kaffee, aber eine zierliche Person mit schwarzem Pagenkopf und riesiger Handtasche an seiner Seite.

Die Dolmetscherin steigt zu mir in den Fond, Alvarez sagt irgendwas, das sich anhört wie „Hospital“, und Gomez wirft den Motor an.

„Ich bin Elvira. Und Sie kommen aus Österreich. Richtig?“ sagt der Pagenkopf und hat schon einen Schreibblock in der Hand, um sich Notizen zu machen.

„Richtig“, sage ich.

„Es ist so, daß wir nun zum Hospital fahren und Sie dort die Leiche identifizieren müssen“, sagt Elvira in einem Hochdeutsch, das jede Spur von Anteilnahme vermissen läßt. „Ich weiß, das ist nicht leicht. Und ich muß Sie warnen. Es ist kein schöner Anblick. Aber leider, es gibt es keine andere Möglichkeit.“

„Eine Leiche?“ sage ich. „Was für eine Leiche?“

„Das wissen wir nicht“, sagt sie. „Als die Frau heute morgen in den Bergen gefunden wurde, trug sie nichts bei sich, außer den Schlüsseln, die Ihnen meine Kollegen bereits vorgelegt haben.“

„Prostmahlzeit“, sage ich leise.

„Wie bitte?“ sagt Elvira.

11

Das Krankenhaus sieht nicht nur von außen aus wie eines der ganz teuren Hotels der Stadt.

In den in zartem Türkis gehaltenen Gängen tummelt sich zu den Klängen von James Last und Bert Kaempfert die fröhliche Belegschaft in ihren weißen und grünen Kitteln. Und der Jausenkaffee auf den Servierwagerln duftet vielversprechend.

Hier läßt es sich Kranksein. Und mich zieht es eigentlich viel mehr in eines der freundlich und hell möblierten Zweibettzimmer als hinunter in den Bauch des Hauses, vorbei an der Großküche, der Wäscherei und der Abteilung für Heilgymnastik. Aber Gomez und Alvarez haben ihre traurige Pflicht zu erfüllen, und so trabe ich halt hinter ihnen her, und mit jedem Schritt, den wir der Pathologie näher kommen, melden sich das opulente Frühstück und die Gin Tonics mit Frau Ilse in Form eines säuerlichen Aufstoßens zurück. Elvira und Dr. Sanchez, der ältere Mediziner, der uns an der Rezeption in Empfang genommen hat, plaudern hinter meinem gramgebeugten Rücken über die schönen Dinge des Lebens, den anstehenden Skiurlaub vielleicht, oder die bestandene Flugprüfung des Herrn Sohnes, und es ist auch nicht Schluß damit, als wir am Ziel unserer Reise angelangt sind.

Wahrscheinlich muß das so sein. Wahrscheinlich darf man in dieser kahlen kalten Lagerhalle des Todes nicht seinen trüben Gedanken nachhängen. Und wahrscheinlich wäre, wenn man niemand zum Plaudern hat, das Beste ein doppelter Obstler. Von der Vogelbeere zum Beispiel.

Aber Dienst ist Dienst und Schnaps ist Schnaps, auch wenn gerade von jenen Berufsgruppen, die regelmäßigen Umgang mit der sterblichen Hülle der menschlichen Existenz haben, oft das Gegenteil behauptet wird.

Und so geht der Mediziner, nun auch Gomez und Alvarez in seine Plauderei mit meiner Dolmetscherin miteinbeziehend, ans Werk, indem er eine der Kühlkammern öffnet und die Bahre herauszieht, auf der unter blaßgrünem Tuch die Leiche einer Unbekannten auf ihre Identifizierung wartet.

„Sind Sie dazu bereit, Herr Ostbahn?“ sagt Elvira.

Mir steht zwar der kalte Schweiß auf der Stirn, das blanke Entsetzen in den Augen und die noch unverdauten Reste des Frühstücks ganz oben im Hals, aber ich nicke tapfer.

Dr. Sanchez schlägt das Leichentuch ein Stück zur Seite. Ich sehe eine häßliche, rotbraun verkrustete Schürfwunde. Und in einen Mund, der halb offen steht und dem sämtliche Schneidezähne fehlen.

Mehr will ich garnicht wissen. Ich drehe mich weg.

„Ist Ihnen diese Frau bekannt?“ übersetzt Elvira die dringliche Anfrage von Alvarez.

Ich schüttle den Kopf.

„Sind Sie ganz sicher? Sehen Sie, bitte, noch einmal genau hin.“

„Nein. Mir reichts“, sage ich.

Ich weiß auch so: Das ist nicht Sarah.

Die Frau aus dem Eis kenne ich nicht, hab ich noch nie zuvor gesehen.

Mir fällt zwar ein Stein vom Herzen, aber von großer Erleichterung und wirklichem Wohlbefinden keine Spur. Dazu muß ich zuerst raus hier, an die frische Luft, den scharfen Geruch nach Desinfektionsmittel wieder aus der Nase kriegen und mich dann ganz ernsthaft der Frage widmen, wo ich da wiederum hineingeraten bin.

Denn Sarah ist jetzt zwar nicht tot, aber nach wie vor verschwunden. Und der Schlüsselbund, den ich eindeutig als den ihren identifiziert habe, wandert in die Asservatenkammer der Guardia Civil, weil er zusammen mit einer unbekannten Frauenleiche gefunden wurde. Du bist noch lang nicht aus dem Schneider, Kurtl, sage ich mir, als wir die ungastliche Lokalität endlich verlassen. Eine Vermutung übrigens, die sich bereits Sekunden später bestätigt.

„Wir bringen Sie jetzt zurück in Ihr Hotel", sagt Elvira, „aber halten Sie sich, bitte, weiter zu unserer Verfügung. Wann reisen Sie ab?"

„Am 13." sage ich.

„Januar?"

„Ja. Wieso?"

„Wir werden sehen", sagt Elvira.

„Was?"

„Wir werden sehen, wie wir mit den Ermittlungen vorankommen. Vielleicht wird es notwendig sein, Ihren Rückflug zu verschieben. Aber darüber informieren wir Sie rechtzeitig."

„Aber das geht nicht", bricht es aus mir hervor.

„Wir werden sehen", sagt Elvira.

Ihr Deutsch ist wirklich erstklassig. Aber Trost ist für sie ein Fremdwort.

Auf der kurzen Fahrt zurück in die Bungalowanlage klären mich Gomez und Alvarez, mit Elviras übersetzerischer Unterstützung, über die weitere Vorgehensweise auf.

Die Leiche wird noch heute abend zur gerichtsmedizinischen Obduktion nach La Laguna überstellt. Danach erst wird man genau wissen, woran die unbekannte Frau gestorben ist. Vermutlich wurde sie mit einem stumpfen Gegenstand erschlagen. Die starken Hautabschürfungen im Gesicht wurden ihr aber, vermutet Dr. Sanchez, erst nach dem Tod zugefügt. Wahrscheinlich hat man die Leiche aus einem Wagen in die Schlucht geworfen, in der sie heute früh von zwei holländischen Mountainbikern gefunden wurde.

Und was die Besitzerin des Schlüsselbundes angeht, so bitten Gomez und Alvarez nachdrücklich, ich möge der Dame bestellen, daß sie sich sofort nach ihrer Rückkehr auf der Polizeistation melden soll.

„Ich werds ausrichten", sage ich.

„Ihre Frau ist jetzt unsere einzige Spur", übersetzt mir Elvira Alvarez zähneknirschendes Geständnis.

„Sie ist nicht meine Frau“, sage ich, „mehr eine flüchtige Bekannte.“

„Flüchtig?“ sagt Elvira und zieht dabei die rechte Augenbraue hoch, daß sie unter den Stirnfransen ihres Pagenkopfes verschwindet.

12

„Also, so gehts nicht. So kann man nicht seriös arbeiten“, bellt die Stimme des Trainers aus dem Hörer. „Wenn du aus der Scheiße wieder raus willst, in die du dich da hineingeritten hast, dann mußt du dich zumindest an die einfachsten Spielregeln halten. Wir haben doch gestern ausgemacht, daß du um zwei anrufst!“

Es ist halb sechs. Ortszeit. Also eine Stunde früher als daheim in Wien.

„Ich war verhindert“, sage ich, und: „Mit Schreien kommt man auch nicht weiter.“

Daß ich um zwei mit Frau Ilse am Pool den einen oder anderen Gin Tonic getrunken habe, lasse ich vorsichtshalber und in Anbetracht seines offensichtlich kritischen Gesamtzustandes (der Trainer neigt in Streßsituationen zu Bluthochdruck) untern Tisch fallen. Aber als ich anhebe, zu meiner Verteidigung von den nachmittäglichen Ereignissen rund um Gomez, Alvarez, Sanchez, Elvira und die unbekannte Tote zu berichten, sagt er barsch, das wäre ihm jetzt alles zu blöd und ich solle mir meine Gschichtln für die Bühne aufheben, denn der Doc hätte mir was wirklich Wichtiges mitzuteilen. Also doch. Trainer & Trash. Ich habs befürchtet. Und nachdem der Doktor wenige Impulstöne später höchstpersönlich am Apparat ist, nehme ich stark an, der Trainer hat sich aus Telefonkostengründen in die Kirchengasse verfügt und das Rechenzentrum des Doktors zur Kommandozentrale der Operation „Las Americas“ ernannt.

„Sieht garnicht gut aus, mein Lieber“, bringt der Doc in seiner gewohnt knappen Art meine Lage auf den Punkt.

„Inwiefern?“ frage ich.

„Deine angehende Linguistikerin existiert nicht“, sagt er.

„Was heißt, sie existiert nicht? Klar existiert sie, nur ist sie im Moment nicht greifbar.“

„Sie existiert nicht“, kommt mir der Doc auf belehrend, was mich bei Normalsterblichen ja sofort auf die Palme bringt. Beim Doc drücke ich aber ein Auge zu, atme einmal kräftig durch und sage dann:

„Ohja. Ich weiß es.“

„Ich kann dir versichern“, beharrt der Doc auf seinem Standpunkt, „daß auf dem sprachwissenschaftlichen Institut der Universität Wien keine Sarah Resch immatrikuliert ist.“

„Aha“, sage ich, und nach einer kurzen Denkpause: „Vielleicht studiert sie in Linz?“

„Sie studiert nirgendwo, mein Lieber. Weder Linguistik noch sonstwas. Ich würde sagen, die junge Dame hat dir diesbezüglich einen Bären aufgebunden.“

„Interessant“, sage ich. „Und woher willst du das so genau wissen?“

„Man hat seine Quellen“, gibt sich der Doc bedeckt.

„Und der Datenschutz?“ frage ich, weil mir seine Auskunft in mehr als einer Hinsicht Kopfzerbrechen bereitet.

„Den gibt es“, ist seine knappe Antwort. „Und jetzt geb ich dir wieder den Trainer. Er ist heute für die positiven Nachrichten zuständig.“

Und weg ist er, und der Trainer ist wieder dran.

„Da schaust du, was?“ sagt er, und ich sehe geradezu das triumphierende Leuchten in seinen Augen.

Was er mir sonst noch zu sagen hat, stimmt mich allerdings gleich fröhlicher. Der Kohlen-Güntl, fürwahr ein Mann der Tat, hat per telegraphischer Postanweisung einen stattlichen Geldbetrag losgeschickt, der morgen am hiesigen Postamt eintreffen müßte.

„Und sonst? Wie ist das Wetter? Stürmisch?“ erkundigt sich der Trainer dann mit leisem Spott in der Stimme.

„Herrlich“, sage ich. „Kaum daß der Calima weg ist, ist es da herunten bacherlwarm, wie bei uns im Mai.“

„Schön. Sehr schön“, sagt der Trainer. Und ich weiß genau, ihn frißt der Neid.

Ich denke ganz kurz daran, noch ein Schäuferl nachzulegen, und ihm von den weiteren Vorzügen des kanarischen Insellebens zu berichten. Aber man ist ja kein Unmensch. Also setzte ich ihn stattdessen über meine strapaziöse Nachmittagsbeschäftigung, von der er zuvor nicht ums Verrecken hören wollte, in Kenntnis und staune nicht schlecht über sein plötzliches Reaktionsvermögen.

„Ganz schöne Scheiße“, sagt er, „aber frag einmal die Autovermietung. Vielleicht wissen die was.“

„Über die Tote?“

„Über die Sarah. Und über den Mietwagen. Weil der ist ja mit ihr verschwunden. Oder?“

„Mach ich“, sage ich. „Gleich morgen in der Früh.“

„Gleich jetzt“, drängt der Trainer.

„Jetzt geh ich duschen“, sage ich.

Es gibt Dinge, die sind zwar wichtig, rennen einem aber nicht davon.

13

Als ich ins *Paradise Steakhouse* komme, singen die Eagles gerade „Take It Easy“. Auch sonst ist alles sehr amerikanisch. Deshalb erkennt mich der Oberkellner auch sofort und bittet mich hinauf in den ersten Stock, auf die Terrasse mit dem Blick aufs Meer, in dem in den nächsten Minuten die Sonne versinken wird. Kaum hab ich es mir auf dem reservierten Tisch für zwei mit einem Campari Soda eingerichtet, schwebt auch schon meine Dame des Abends herein.

Frau Ilse, in einem goldenen Kleid, das wenig zeigt, aber viel erahnen läßt, und in Begleitung eines schwarzen Mannes im Smoking, der aussieht wie Fats Waller, jedoch Larry heißt und uns und den spärlichen übrigen Gästen den Abend mit Evergreens wie „My Funny Valentine" und „Strangers in the Night" versüßen wird.

Ein Kollege, gewissermaßen, der Frau Ilse die Hand küßt, ehe er seinen Platz am Stutzflügel unter der Markise einnimmt.

„Ohne Larry wär ich hier ja verloren", sagt Frau Ilse, dann greift der Meister, wie auf Stichwort, in die Tasten, und ich darf zu den Klängen eines leicht angejazzten Mozart-Medleys in schweigender Ehrfurcht versinken vor einem Sonnenuntergang, wie er normalerweise nur im Kino verkommt.

Meine charmante Gastgeberin hat sich erlaubt, ein Degustationsmenü zusammenzustellen, das „mit ein paar Fischerln" seinen Anfang nimmt, und alles wäre wie im Traum, wenn nicht der Mann ins Bild trampeln würde, den sich Frau Ilse zu ihrem Lebenspartner erwählt hat.

Walter Waschek.

Was auch immer sich dieser Mann in den letzten 14 Jahren aufgebaut hat, ich sehe nur das Fettgewebe. Dreifachkinn. Gössermuskel. Ein Mann wie ein Walroß.

„Servas, Kurtl. Wie ist die Lage?" sagt er und haut mir mit seiner schwitzigen Pranke auf die Schulter, als hätten wir früher gemeinsam über die Planken geschissen.

„Also ehrlich gsagt", sagt er, und beugt sich dabei so weit zu mir hinunter, daß mich sein Achselgeruch einhüllt wie ein Mantel, „was du so machst, musikalisch, mein ich, das is ja ned so das Meine. Aber die Ilse, mit der hast du einen echten Fan. Ihre Schwester, die Liesl, muß ihr jedes Monat eine Kassette schicken, mit dem Ö3, und damit quält sie mich dann jeden Tag schon beim Aufstehen. Aber ein Lied von dir, das gfallt sogar mir. *Weu'st ein Herz hast wie ein Bergwerk*. Das is echt super. Der kurzen Rede langer Sinn: Ich muß dir meine Holde für ein paar Minuten entführen. Was Geschäftliches. Weißt eh: Kein Gerstel ohne Bröseln."

Frau Ilse, die im Schatten ihres Gatten zum Erbarmen zerbrechlich aussieht, schenkt mir ein entschuldigendes Lächeln.

„Bin gleich wieder da."

Und der Waschek, bereits im Gehen, dreht sich noch einmal um, weil er auch mit mir ins Geschäft kommen will.

„Apropos", sagt er, „wannst einmal einen Mietwagen brauchst, Kurtl, dann sag das einfach der Ilse. Kriegst einen guten Preis. Österreicher-Bonus. Weil wir müssen zsammhalten. Erst recht in der Fremde, was?"

„Super", sage ich, obwohl ich es nicht so meine. Von Leuten wie dem Waschek will ich keinen Gebrauchtwagen kaufen oder mieten, ja nicht einmal geschenkt bekommen.

Und während Larry eine besonders traurige Version von „Sorrow" spielt, frage ich mich wieder einmal, welcher Gott wohl dafür verantwortlich ist, daß die nettesten Frauen oft an die größten Ungusteln geraten, und ob dieser Herrgott angesichts dieser himmelschreienden Ungerechtigkeit nicht endlich die Konsequenzen ziehen sollte, sein Amt zurücklegen und sich in Pension schicken lassen.

Es vergehen keine fünf Minuten, da sind die Waschecks wieder da, der Walter, um endgültig „Baba zu sagen, weil die Pflicht ruft", und Ilse, um in den gebratenen Sprotten herumzustochern, die noch kalt werden, wenn ihr Alter sein Versprechen nicht bald wahrmacht und zu seinen Pflichten zurückkehrt.

Aber ihm ist noch was eingefallen.

„Apropos, neulich war ein alter Spezl von dir da, Kurtl. Kurz vor Weihnachten muß das gewesen sein. Wie hat der schnell geheißen? Geh, hilf mir, Ilse."

„Weiß nimmer", sagt sie.

„Also du mußt es wissen. Du warst mit ihm ja jeden Tag

Tennisspielen. Ein Hirn wie ein Seicherl, diese Frau. Manchmal."

„Walter, bitte!"

„Manchmal, hab ich gsagt. Und ned: immer. Und tu jetzt nicht auf angrührt, weil das vertrag ich nicht."

Um nicht noch länger Zeuge eines aufkeimenden Ehezwists zu sein und weils mich ganz einfach auch interessiert, an welchem meiner vielen alten Spezeln sich der Funke der Zwietracht entzündet hat, werfe ich leise eine Frage in die Schlacht:

„Vielleicht war das der Bertl?"

„Herbert. Genau. Der Herbert. Ein alter Schulkolleg von dir, oder sowas in der Art. Ein klasser Bursch. Jaja, so klein is die Welt", freut sich der Waschek.

Jetzt muß er aber wirklich gehen. Und hat zum Abschied noch eine kleine Bitte.

„Geh ein bißl mehr in die Sonn, Kurtl. Schaust ja aus wie Hingspieben. Wannst so kasweiß heimkommst, dann ist das für uns kein Renommee. Da bleiben uns ja die Gäst aus."

„Also, Walter, jetzt reichts aber", sagt Frau Ilse scharf.

Aber ihr Blick, der den Waschek töten sollte, prallt von ihm ab wie von Panzerglas.

14

Das Filetsteak vom argentinischen Rind könnte zarter nicht sein, die brennenden Bananen sind eine wahre Gaumenfreude, und trotzdem: seit der Waschek seinen großen Auftritt hatte (und mit ihm der Bertl auf ein neues in mein Leben trat), ist dem Abend seine anfängliche Magie genommen.

Frau Ilse und ich betreiben, jeder im Hinterkopf mit seinen eigenen düsteren Gedanken beschäftigt, einen beredten aber unverbindlichen Informationsaustausch.

Ich hab die eine oder andere Schnurre aus meinem ebenso langen wie harten Leben als Konzertattraktion zu bieten und bekomme im Gegenzug von meiner charmanten Gastgeberin einen ungefähren Überblick über die wahren Ausmaße jenes Imperiums, das sich Ilse und Walter Waschek in 14 harten und entbehrungsreichen Jahren aufgebaut haben.

Zu der Autovermietung *WW-Rent-A-Car* (Werbeslogan: „Was solls denn für ein Wagen sein? – Ein WASCHEK-Wagen, das wär fein!") gesellten sich in rascher Folge zwei Automatenhallen an der Veronica, eine Minigolfanlage (mittlerweile wegen schwacher Umsätze wieder abgestoßen), ein halbes Dutzend Bungalows in der Anlage *Oasis* (B-4 bis B-9) sowie der Supermarkt *Mister Nice Price*, den der Waschek dem originalen Mister, einem echten Schotten, der sich auf der Insel jedoch gnadenlos versoffen hatte, um ein Butterbrot abgekauft hat.

Dann kam der gewagte Sprung ins Gastgewerbe: zuerst, zum Aufwärmen sozusagen, die *Oasis*-Poolbar, an der ich die Frau Ilse heute mittag kennengelernt habe, dann das Café *Apfelstrudel* im benachbarten Los Christianos („Aber das is nix für Sie, das is nur was für alte Leut"), der (allerdings gescheiterte) Versuch, entlang der Südküste eine Hamburger-Kette (MacWaschek?) zu etablieren, und schließlich, als Schmuckstück der beachtlichen Sammlung, das *Paradise Steakhouse*, in dem uns soeben der Digestif gereicht wird.

Auf persönlichen Wunsch meinerseits natürlich *Carlos III*, der beste unter den vielen günstigen Brandys dieser Welt.

Frau Ilse hat den Eindruck, es wird schön langsam frisch auf der Terrasse, und da ich auf die beträchtlichen Temperaturschwankungen im südlichen Teneriffa keinen wirklichen Einfluß habe, wohl aber, und als Gast des Hauses erst recht, auf die Arbeit des ausgesucht verständnisvollen Getränkekellners, lasse ich noch mehr von dem iberischen Seelenwärmer auftragen, konkret: eine ganze Flasche.

Eine kluge Entscheidung. Denn so kommt der angeknackste Abend endlich wieder in Schwung.

Frau Ilse und ich sind mit Larry längst allein über den Hoteldächern der Stadt, und als der schwarze Klavierspieler, wohl einer telepathischen Eingebung folgend, Willie Nelsons *Nightlife* anstimmt, bin ich nicht mehr zu halten.

„Darf ich bitten?" sage ich zu Frau Ilse, und Frau Ilse ergreift lächelnd meine Hand.

Als wir uns zwischen den Tischen sanft im Takte der Musik wiegen, habe ich nicht den Eindruck, als würde meine Partnerin immer noch unter der abendlichen Kühle leiden. Im Gegenteil. Ich spüre nur wohlige Wärme. Und als wir, durch Larrys leidenschaftlichen Vortrag ermutigt, noch enger aneinandergeraten, macht sich zwischen uns sogar eine geradezu unerträgliche Hitze breit.

„Wie war das gemeint heute?" haucht es in mein Ohr.

„Was?"

„Das Mehr oder Weniger?" knüpft Frau Ilse, schwer atmend, an unser mittägliches Gespräch an der Poolbar an.

„Eher weniger", atme ich schwer zurück.

Daß das Ganze nicht so einfach ist, wie es sich anhört, und außerdem mit so unschönen Dingen wie Lügen, Mord und Totschlag in irgendeinem Zusammenhang steht, gehört zwar vielleicht schon hierher, würde aber dem weiteren Verlauf des Abends eine Richtung geben, die uns um viel Spaß und Freude bringt.

Deshalb sage ich auch ein klares und deutliches „Jederzeit", als Frau Ilse meint, wir könnten doch schön langsam an einen Ortswechsel denken, zum Beispiel in meinen nahegelegenen Bungalow, und uns den Rest vom *Carlos III* ganz einfach einpacken lassen.

„Und der Larry wird auch froh sein, wenn wir endlich gehen", sage ich.

Man hat schließlich auch ein Herz für Kollegen.

15

Wir kommen nicht weit. Eigentlich nur bis auf den staubigen Berber im Wohnzimmer. Dann gehen bei mir noble Zurückhaltung und Selbstbeherrschung über Bord, und Frau Ilse wird zum wilden Tier.

So schnell kann ich garnicht schauen, liege ich auch schon am Teppich auf dem Rücken, meine einzige und flachsfarbene Sommerhose bis zu den Kniescheiben runtergezogen, und Frau Ilse schwingt sich auf mich.

Daß sie unter ihrem goldenen Kleid kein Höschen trägt, krieg ich nur noch am Rande mit, denn jetzt hab ich alle Hände voll zu tun, dem gestreckten Galopp, den meine Reiterin vorgibt, die richtige Richtung zu geben.

„Komm schon, komm schon, komm schon", keucht sie. Aber das mit dem Kommen ist so eine Sache, wenn man *Carlos III* so ausführlich ins bernsteinfarbene Auge geblickt hat. Und so kommt vorerst einmal Frau Ilse, mit vielen kleinen spitzen Schreien, allerdings in einer Lautstärke, daß ich mir Sorgen um die Nachtruhe der Nachbarschaft mache.

Jetzt wäre es aber höchste Zeit, die lästigen Klamotten abzulegen, meint sie, ziemlich außer Atem, aber grad erst so richtig auf den Gusto gekommen, schält sich unter meiner Mithilfe aus dem Kleid und präsentiert mir dann ihr pralles Hinterteil mit der vielversprechenden Feststellung, es gäbe stets mindestens zwei Wege ins Paradies. Neugierig, wie ich nun einmal bin, beschreite ich kurzentschlossen auch den zweiten Pfad, ein jauchzendes Vergnügen, wie sich gleich herausstellt, das aber nach kurzer Wegzeit schon in einer geradezu tumultösen Ankunft gipfelt. Spätestens jetzt gehen überall in der Nachbarschaft die Nachttischlampen an. Aber es gibt nichts mehr zu hören, außer dem fernen Maschinenlärm aus den Discos unten auf der Veronica.

Frau Ilse und ich schleppen einander auf die Bettbank und schnappen nach Luft.

Es war alles in allem ein kurzes, aber sehr heftiges Vergnügen, ziehen wir Bilanz. Aber in der Kürze liegt, wie man weiß, oft gerade die Würze. Und Frau Ilse meint, sie hätte gegen eine Intensivierung unserer Kontakte nix einzuwenden.

„Prima Idee", pflichte ich ihr bei.

Und schon bin ich eingeladen, in das Waschek-Haus oben in den Bergen. Denn natürlich wohnt man nicht, wo die Kundschaft wohnt, sondern dort, wo es sich leben läßt.

„Eine gute Viertelstunde mit dem Auto, und man ist in einer anderen Welt", gerät Frau Ilse ins Schwärmen.

Oben bei Vilaflor ist es kühler, grüner, fast wie daheim, sagen wir im Oststeirischen, in der Buckligen Welt, nur daß die Luft hier nach Pinien duftet.

„Hört sich gut an", sage ich.

Dort droben könne ich mich auch im Garten an den Pool legen, allein oder auch in ihrem Beisein im Jakuzzi plantschen, und außerdem wäre man völlig ungestört, rührt sie weiter die Werbetrommel.

„Und dein Mann?" frage ich, weil ich den Waschek nicht unbedingt dabei haben möchte.

„Der ist nicht da. Der ist im Büro. Oder bei einem seiner Flitscherln", sagt Frau Ilse.

Man sollte, gerade als Außenstehender, stets vorsichtig sein im Urteil über anderer Leute Beziehungen.

Aber die Waschek-Ehe, kommt mir vor, kann keine Musterehe sein.

16

„Du hörst dich ziemlich marod an", sagt der Trainer. „Hast du dich letzte Nacht versoffen?"

„Das kann man so nicht sagen", sage ich.

Und dann will er über die neuesten Entwicklungen gefälligst im Telegrammstil informiert werden, weil das Gespräch auf seine Telefonrechnung geht, und er finanziell momentan kracht wie eine Kaisersemmel.

Ich tu ihm den Gefallen, und es fällt mir garnicht einmal so schwer, in Anbetracht des bohrenden Kopfschmerzes, den mir *Carlos III* hinterlassen hat:

Also, das Geld vom Kohlen-Güntl ist heut morgen gut und sicher angekommen und bereits in meiner Tasche. Herzlichen Dank auch. Das mit der Autovermietung hingegen ist eine andere Geschichte. Habe gleich nach Einnahme eines ausgiebigen Frühstücks und dem Spaziergang zur Post den *Avis*-Schalter am Flughafen angerufen, bei dem Sarah und ich den Mietwagen übernommen haben. Konnte dem freundlichen Fräulein am Telefon weismachen, daß ich mich nur vergewissern will, ob meine im Grunde äußerst gewissenhafte, derzeit jedoch durch berufsbedingten Streß etwas kopflose Lebensgefährtin, die Frau Resch, Sarah Resch, unseren Leihwagen auch ordnungsgemäß zurückerstattet hat. Nach Rücksprache mit ihrem Computer teilte mir das *Avis*-Girl mit: Jaja, der Wagen sei vorgestern schon wohlbehalten bei seinen vielen Kolleginnen und Kollegen auf dem Flughafen-Parkplatz eingetroffen. Eigentlich fünf Tage früher als bezahlt, aber dafür gebe es leider keine Gutschrift. Und auch sonst solle ich mir keine Sorgen machen. Das Täschchen, das Frau Resch im Auto vergessen hat, weil sie aus beruflichen Gründen derzeit etwas kopflos ist, liegt sicher verwahrt hier am Schalter, und ich möge ihr doch, bittesehr, mitteilen, ob es an Sarahs Wiener Wohnadresse geschickt werden soll, oder ob ich nicht vielleicht vorbeikommen und es abholen will, was eindeutig schlauer wäre, der lange Postweg, man kennt das ja.

„Und weiter?“ sagt der Trainer gebannt, als lausche er einer Funkerzählung seiner Jugend.

„Immer schön langsam“, sage ich. „Ich fahr mit dem Taxi also zum Flughafen, sag am *Avis*-Schalter wer ich bin, und krieg dafür eine Banane.“

„Was für eine Banane?“ fragt der Trainer, leicht enttäuscht.

„So ein Bauchtascherl zum Umhängen, das Banane heißt, weil es eine formmäßige Ähnlichkeit zu der Frucht hat, die hierorts büschelweise von jeder zweiten Staude hängt“, hole ich mir sein Interesse wieder zurück. „Das wirklich Interessante ist aber, daß es sich dabei nicht um Sarahs Banane gehandelt hat, weil die Sarah nämlich keine solche Banane besitzt, sondern immer nur mit ihrem futuristischen Koffer von diesem italienischen Designer unterwegs ist, dessen Name mir grad nicht einfallt.“

„Echt?“ sagt der Trainer, wieder ganz Ohr. „Und was ist in der Banane?“

„Willst du das wirklich wissen?“ frage ich. „Auf deine Kosten?“

„Jetzt red schon“, sagt er.

Und weil er es, trotz eindringlicher Warnung, nicht anders haben will, zähle ich ihm auf, was vor mir auf dem Tisch liegt.

Ein Lippenstift, Farbton „Cherry“, von *Outdoor Girl*, eine kirschrote Haarspange, drei Tampons aus dem Hause *Tampax*, ein Adressenverzeichnis mit zirka dreihundert Namen und Telefonnummern vor allem in Deutschland, aber auch Spanien, Italien und den USA, ein schwarzer Kugelschreiber mit der Aufschrift *Druck- und Verlagshaus Wöhrer, München-Freising*, zwei Pfefferminzpastillen, Marke *Fishermans Friend*, ein Goldkettchen mit Anhängern (Erzengel Gabriel, vierblättriges Kleeblatt, Rauchfangkehrer und Herz, bauchig), ein Dutzend Visitenkarten der Firma *Victory-Investments* in Los Christianos, eine Visitenkarte der Firma *WW-Enterprises* in Playa de las Americas, eine Visitenkarte der Firma *Herz As* in Regensburg, Bayern.

Kein Bargeld, keine Kreditkarten, kein Ausweis oder Führerschein.

„Und was lernen wir daraus?“ frage ich den Trainer.

„Gute Frage“, sagt er.

Mehr sagt er nicht. Außer, daß mich der Doc heute noch zurückrufen wird.

17

Frau Ilse sitzt in Begleitung eines Gin Tonic auf ihrem Stammplatz an der Pool-Bar. Sie sieht, ganz im Gegensatz zu mir, gut erholt aus und ist auch guter Dinge. Jedenfalls winkt sie fröhlich, als ich mich in der prallen Sonne zu ihr an die *Oasis*-Theke schleppe, und auch der fröhliche Barmann winkt und zapft mir ungefragt ein kleines *cerveza.*

„Na, von den Totenr auferstanden?“ lacht Frau Ilse.

Das ruft in mir vage Erinnerungen an das letzte Kapitel unserer bewegten Nacht wach. Ich muß an Ilses nackter Schulter eingenickt sein, gerade als sie mit viel Fingerspitzengefühl versucht hat, mich für noch einen letzten kleinen Ausritt in Form zu bringen, und dann weiß ich nur noch, daß ich kurz die Augen aufschlug, als sie sich beinah im Flüsterton, um mich nicht zu wecken, ein Taxi bestellt hat.

„Ich glaub, ich muß bald in den Schatten“, sage ich, weil mir die Sonne den angeschlagenen Kreislauf durcheinanderbringt und ich plötzlich statt in Frau Ilses verständnisvolle Augen in ein Meer aus nervös blinkenden Sternen blicke.

Und so packt mich dieser Traum von einer Urlaubsbekanntschaft fürsorglich in ihren weißen Mercedes und entführt mich aus der unter der nachmittäglichen Hitze stöhnenden Hotel-und Steinwüste hinauf in ihr Refugium in den kühlen Bergen.

Mit jedem Höhenmeter, den wir auf der schmalen haarnadelkurvigen Straße überwinden, wird die Aussicht erfreulicher. Und bald ist alles so grün wie in der grünen Steiermark. Nur anders.

Die Waschek-Villa liegt auf 1700 Metern in einem schattigen Pinien-Hain und ist eigentlich keine Villa, sondern ein maurischer Palast, oder besser, die neureiche Kopie eines solchen. Der dazugehörige Garten hat zirka die Abmessungen des Auer-Welsbach-Parks, wer ihn kennt, also jener Grünanlage, die dem Schloß Schönbrunn vorgelagert ist, und deshalb von den älteren Wienerinnen und Wienern auch „Schönbrunner Vorpark" oder auch „Kaiserpark" genannt wird. Was besagter Auer-Welsbach-Park nicht hat, wohl aber der Waschek-Garten, ist ein terrassenförmig angelegter Swimming Pool mit einem kleinen Wasserfall, der in den Jakuzzi mündet, einem Sprudelbecken mit gläserner Spezialüberdachung, die aus dem Sonnenschein die lästigen UV-Strahlen rausfiltert, wegen dem Hautkrebs.

Und da werde ich verwöhnt wie Gott in Frankreich. Zuerst mit einem Sekt-Orange, dann massiert mir Frau Ilse die Schultern mit Mandelöl, und als wir uns nach nach einer halben Stunde Spaß im prickelnden Naß hinein ins Haus, in eines der zirka zwanzig Schlafzimmer verfügen, hält sie noch so manche Überraschung bereit, auf die wir jetzt aber nicht näher eingehen wollen, denn schließlich war von den fleischlichen Genüssen, die ich meine, erst in Kapitel 15 lang und breit die Rede, und ich will (vor allem auch beim labilen jugendlichen) Leser nicht den Eindruck erwecken, der Kurtl hätte nix als das Pudern im Schädel, macht sich einen Lenz und kriegt dafür auch noch bezahlt.

Denn dem ist nicht so. Ganz im Gegenteil. Es ist sogar so, daß mich der Bertl bis in den Beischlaf hinein verfolgt.

Konkret: Frau Ilse und ich tummeln uns also auf ihrem Lotterbett, und aus dem Kassettengerät auf dem Schminktischchen tönt dazu leise Ö3, ein schon etwas älterer Gruß ihrer lieben Schwester aus der fernen Heimat, denn im „Hitpanorama" läuft „Fürstenfeld", und Elton John hat von einer Dienstreise in die Sowjetunion schöne Erinnerungen an „Nikita" mitgebracht, da dringt doch plötzlich meine eigene Stimme ans Kummer gewöhnte Ohr.

„Wie'st es anstellst hast ka Chance, in der Liebe und beim Tanz. Dir fehlt's ned nur an Eleganz – Du bist und bleibst a Weh", singe ich in Stereo eine meiner ganz frühen Oden an den Bertl. Das bringt mich nicht nur mit Frau Ilse aus dem Takt, das bringt mich gleich auch auf finstere Gedanken.

Es kann doch kein Zufall sein, daß beide meiner Damenbekanntschaften dieser Woche auch Bekannte des Bertl sind. Sarah führt mit ihm ein mysteriöses Telefongespräch, um gleich darauf auf Nimmerwiedersehen zu verschwinden, und Frau Ilse hat kurz vor Weihnachten nix anderes zu tun, als mit dem Bertl Tennis zu spielen.

Noch laß ich mir nix anmerken, aber als die Gelegenheit günstiger ist, da Frau Ilse, nur in ein hauchdünnes Négligé gehüllt, ein Gedicht von einem Karamelpudding (selbstgemacht) serviert, bringe ich unsere Konversation unaufällig auf unseren gemeinsamen Bekannten.

„Weils mir grad einfallt", sage ich, „wie war das eigentlich mit dem Bertl?"

„Bertl?" sagt Frau Ilse, dann fällt es ihr wieder ein. „Achso, dein Schulfreund, der Herbert."

Es war nicht aufregend.

Der Bertl ist wegen einer Reklamation in Ilse Waschecks Leben getreten. Sie war zufällig im Büro ihres Mannes, und der Bertl kam vorbei, weil er was am Kilometerzähler seines Waschek-Autos auszusetzen hatte. Man kommt so ins Gespräch, ein Wort ergibt das andere, der Bertl kommt in den Genuß von Waschecks Österreicher-Bonus und hat außerdem Zeit, Lust und Laune, mit Frau Ilse Sport zu treiben. Jeden Morgen eine Stunde Tennis, ehe er an die Arbeit geht.

„Da schau her. Der Bertl war beruflich da?" sage ich.

„Immobilien", sagt Frau Ilse.

Und daß er jeden Tag die Küste von El Medano bis hinauf nach Puerto de la Cruz abgefahren ist, im Waschek-Wagen, um im Auftrag irgendwelcher Investoren nach geeigneten Objekten zu suchen.

„Und hat er was Passendes gefunden?“ frage ich, weil die Sache schön langsam interessanter wird.

Aber das kann mir Frau Ilse nicht beantworten, weil sie den letzten gemeinsamen Tennistermin nicht einhalten konnte, und der Bertl daher ohne Abschiedsmatch heimfliegen mußte.

„Und wie spielt der Bertl?“ frage ich.

„Naja“, sagt Frau Ilse, „fürs Wimbledon-Finale reichts nicht.“

„Er war ja noch nie eine richtige Sportkanone“, sage ich.

Beim Kicken im Humboldtpark zirka so wendig wie ein Hydrant. Und auch beim Zielbrunzen (auf die Desinfektionskugeln im Pissoir des Laaerberg-Bades) nie unter den ersten zehn.

„Und du? No sports, gelt?“ schmunzelt Frau Ilse, „dafür bist eh noch gut in Schuß.“

„Das macht die solide Lebensführung“, sage ich.

18

„Sarah?“ frage ich ins Wohnzimmer, weil alle Lichter brennen.

„Sarah?“ rufe ich hinauf in den ersten Stock.

Keine Antwort.

Die Eingangstür war offen, im Haus sind überall die Lampen an. Da würde man doch annehmen, daß jemand daheim ist.

Aber da ist niemand. Nur ein Gecko über der Balkontür im Schlafzimmer. Er schaut mit schwarzen Knopfaugen enttäuscht auf mich herunter und macht sich dann grußlos aus dem Staub.

Noch viel besorgter als die Menschenleere stimmt mich die Tatsache, daß auch sonst nichts mehr im Haus ist, das bis vor kurzem noch da war.

Sarahs olivgrüner Koffer zum Beispiel, ihre sündteuren Kleider, ihre Badetasche.

Und auch der Azteke mit den schlechten Zähnen und dem stechenden Blick.

Alles weg.

Mein erster spontaner Verdacht fällt natürlich auf die algerische Einschleichbande, vor der mich ja die Inselzeitung eindringlich gewarnt hat. Aber nach genauerer Inspektion von Schlaf-und Badezimmer muß ich ebenso erleichert wie verwirrt feststellen, daß mein bescheidenes Hab und Gut nach wie vor auf seinem Platz ist.

Es ist nicht viel. Ein Rasierer, ein räudige Ärztetasche mit etwas Wäsche zum Wechseln und der Walkman, den mir die Familie Karasek zu Weihnachten geschenkt hat, zusammen mit einer C-90-Kassette, die vier Blues-Improvisationen von King und Prinz Karasek enthält, jede um die 20 Minuten lang und angeblich von noch nie dagewesener Intensität. Das beiliegende Weihnachtskärtchen mit der Bitte um baldige kritische Rückmeldungen hab ich natürlich gelesen, aber zum sorgfältigen Abhören fehlte mir bisher einfach die Zeit. Sie kennen das sicher: man kommt einfach zu nix.

Meine sieben Zwetschken sind also noch da.

Und auch die Banane aus dem *Avis*-Mietwagen, die ich im Bad unter ein Frotteehandtuch auf den Haken gehängt habe.

Das entlastet die Algerier natürlich, und ich streife durch den Bungalow, auf der Suche nach Hinweisen, Spuren, vielleicht sogar einem Bekennerschreiben.

Und tatsächlich. Auf dem Eßtisch im Wohnzimmer liegt mein Rückflugticket.

Und eine handschriftliche Botschaft, geschrieben auf die Rückseite eines Werbezettels der Firma *Müller-Reisen*, die den deutschsprachigen Teneriffa-Urlauber zu einer Werbefahrt auf den Gipfel des Teide (3700 m, und somit der höchste Berg Spaniens) einlädt, Seilbahn, Kaffee und Kuchen im Spottpreis ebenso inbegriffen, wie der Besuch einer original kanarischen Tischtuch-Manufaktur, in der zu Fabrikspreisen eingekauft werden kann:

Lieber Kurti!

Wie Du bemerkt hast, haben mich dringende persönliche Probleme aufgehalten. Es ist leider alles ganz anders gekommen, als ich dachte. Vielleicht kann ich Dir alles daheim in Wien erklären. Mache Dir keine Sorgen und genieße noch ein paar Tage in der Sonne.

Deine Sarah

Also war Sarah da. Und ist endgültig gegangen.

Von meiner Bergtour nach Vilaflor rechtschaffen müde, lege ich mich oben aufs Doppelbett und schließe die Augen. Die Glieder sind matt, aber der Geist von der Höhenluft erfrischt. Und so weiß ich schon wenige Minuten später, daß da was nicht stimmt.

Ich hole Sarahs erste Botschaft aus dem Nachtkastl, und ein erster, oberflächlicher Vergleich macht mich sicher.

Die beiden Briefe tragen nicht dieselbe Handschrift.

Sarahs penible, um nicht zu sagen, pedantische Feder steht in krassem Gegensatz zu dem hingeschluderten Gekrakel des heutigen Schreibens.

Und da ist noch was.

Niemand, außer minderjährigen Autogrammjägern vielleicht, schreibt oder spricht mich als *Kurti* an. Ich bin der Kurt, der Herr Kurt oder (unter Freunden) der Kurtl.

Das war natürlich einmal anders. Früher. Viel früher. In meinen Schul-, Lehr- und Wanderjahren. Damals war ich der Kurti. Und Leute, die mich noch von damals kennen, sagen wahrscheinlich bis an ihr Lebensende Kurti zu mir.

Leute wie der Bertl, zum Beispiel.

19

Weil grad Zeit ist – der Trainer hebt nicht ab, und beim Dr. Trash ist ständig besetzt –, möchte ich Ihnen den Menschen Herbert Brehm ein bißchen näherbringen.

Und dazu bedarf es einer Reise zurück in der Zeit, in das Wien der frühen sechziger Jahre.

Eine trostlose Angelegenheit, das können Sie mir glauben, vor allem für die heranwachsende Jugend.

Die Alten waren entweder damit beschäftigt, die Spuren der Hitlerzeit zu verwischen oder auf den Trümmern des Weltkriegs eine rosige Zukunft zu zimmern. Und das war viel Arbeit. Für die Sorgen und Wünsche der Kinder blieb wenig Zeit. Maximal am Sonntag. Ein paar Watschen nach dem Frühstück, wenn die Schulerfolge zu wünschen übrigließen, und dann ein Ausflug, hinaus nach Laxenburg zum Beispiel, oder an die Wiener Weinstraße zum Heurigen.

Die Eltern des Herbert Brehm verdienten sich ihr Geld mit dem Kranksein anderer Leute. Der Vater war Apotheker. Und die Mutter, eine Tochter aus besserem Hause, für die eigentlich ein richtig studierter Mediziner vorgesehen war, ein Arzt also, arbeitete halbtags in einem orthopädischen Fachgeschäft auf der Quellenstraße, gleich da beim Erlachplatz, wo sie Stützstrümpfe, Krückstöcke und Leibschüsseln verkaufte.

Der Bertl war ihr einziges Kind. Und er sollte es einmal besser haben. Vielleicht sogar studieren. Medizin zum Beispiel. Das macht einem Kind, wie die Pädagogik mittlerweile herausgearbeitet hat, natürlich einen Mörderstreß. Und so kam es, daß der Bertl unter dem Ehrgeiz seiner Mama zu leiden anfing, unentschuldigt dem Unterricht fernblieb, auf keinem guten Fuß stand mit den vier Grundrechnungsarten und sich auch schwertat mit dem Schreiben und dem Lesen.

Kurzum: Der Bertl war keine Leuchte. Aber die Alten gaben nicht auf. Ihr Sohn mußte aufs Gymnasium.

Ich hatte mich, obwohl ein immer noch deutlich besserer Schüler als er, längst mit einer Hauptschulkarriere angefreundet und war ehrlich froh darüber, meinen Sitznachbarn nach vier qualvollen Volksschuljahren endlich los zu sein, als prompt geschah, was zu befürchten war.

Der Bertl flog mit Bomben und Granaten durch die Aufnahmsprüfung. Kein Gymnasium. Hauptschule. Aus der Traum.

Das war bitter. Für die Brehm-Eltern ebenso wie für mich.

Jetzt hatte ich ihn wieder, zwar nicht mehr als unmittelbaren Sitznachbarn, aber es kamen die Jahre der Pubertät, und da verlagert der junge Mensch seinen Wirkungsbereich von der Schule hinaus in die Beserlparks, Lichtspieltheater und Automatenhallen.

Wir waren zu dieser Zeit eine Bladern, wie man so sagt, von sieben bis zehn pickelgesichten Knaben, mit dabei auch die späteren Chefpartie-Mitglieder Josef Havlicek und Theo Tatic – und irgendwie auch der Bertl.

Sein Schicksal war nur: Der Bertl war immer da, aber niemand hat ihn wirklich gebraucht.

Aber jeder sucht sich den Platz in der Gruppe, an dem er am besten überleben kann. Und so kam der Bertl wohl auf die Idee mit dem Captagon.

Dieses rezeptpflichtige Präparat, das, in entsprechender Dosis zusammen mit einem Glas Ribiselwein eingenommen, in jener Zeit der jugendlichen Aufbruchstimmung Flügel verlieh, wurde uns vom Bertl anfangs gratis, als Kostprobe sozusagen, angeboten.

Doch kaum hatten wir Gefallen dran gefunden, quasi im Fliegen zu flippern und bei unseren ersten musikalischen Gehversuchen die Bodenhaftung zu verlieren, zogen die Preise bald kräftig an.

Und der Bertl machte seinen Schnitt ganz allein. Er arbeitete äußerst effizient und ohne Nebenkosten, indem er nach der Schule seinen Vater in der „Sankt Anna“-Apotheke besuchen ging und nach einem kurzen Plausch mit einer Zehnerpackung Captagon im Ranzen wieder abzog.

Als der Brehm-Vater nach einem Herzinfarkt, der allerdings nicht mit dem Nebenjob seines Sohnes in Zusammenhang stand, in die Frühpensi ging, versiegte die Captagon-Quelle plötzlich.

Aber da hatte der Bertl bereits als erster in der Clique eine schwarze Glockenhose mit knallroter Quetschfalte, jenes Spitzenmodell, auf das der Havlicek und ich so lang vergeblich gespart hatten.

Jetzt, wo der Bertl in seiner Glockenhose vor den Mädchengymnasien der Umgebung auf- und abstolzierte, um sich einen Hasen aufzureißen, brauchten wir es selbstverständlich nicht mehr.

Wir hatten was viel Spektakuläreres, wir hatten den Favorit'n'Blues. In den Fingern vielleicht noch nicht so. Aber im Blut.

Und in der Musik hatte der Bertl absolut kein Leiberl.

Er beschränkte sich nur darauf, sämtliche Platten zu besitzen, die man besitzen mußte, um mitreden zu können.

Kaum hatte Herbert O. Glattauer in seiner Pop-Kolumne im *Kurier* vermeldet, daß die Stones eine neue LP aufgenommen haben, war sie auch schon beim Bertl daheim auf dem Plattenteller.

Ich weiß nicht mehr genau, war es noch *Out of our Heads* oder schon *Aftermath*, jedenfalls schwärmte uns der Bertl dermaßen die Ohren voll, daß sich der Havlicek und ich eines schönen Nachmittags unangemeldet beim Bertl einfanden, um uns endlich auch von der inspirativen Kraft der neuen Stones-Scheibe zu überzeugen.

Abgesehen davon, daß die Brehm-Mutter keine wirkliche Freude mit unserer Visite hatte, weil sie sich für ihren Bertl andere Freunde gewünscht hätte, war der Besuch auch vom musikalischen Standpunkt ein voller Reinfall.

In Bertls Bubenzimmer gab es zwar den sichtlich unangenehm berührten Bertl, aber keine neue Stones-Platte („Gestern hergeborgt, für länger") und auch sonst keinen der popmusikalischen Meilensteine, von denen er uns immer vorgeschwärmt hatte, ja es gab nicht einmal einen anständigen Plattenspieler. Nur ein portables Singles-Abspielgerät mit den entsprechenden Pretiosen auf 45: Lolita, Drafi Deutscher, Peggy March.

Und mit den Frauen war es beim Bertl ähnlich. Er hatte immer unzählige Hasen und Katzen, aber nie eine Freundin.

Eine Zeitlang trug er eine Autogrammkarte der jungen Romy Schneider in seinem Geldbörsel und präsentierte sie jedem, ob der es nun hören wollte oder nicht, als Foto seiner neuen Freundin:

„Das ist die Gitti. Fesch, gelt? Und wahnsinnig geil. Ich find ja, sie schaut noch besser aus als die Romy Schneider."

Das war der Bertl. Früher.

So fing alles an. Und es wurde immer schlimmer.

20

„Señor Ostbahn?"

Es ist Elvira, meine hartherzige Dolmetscherin, die im Auftrag von Gomez und Alvarez anfragt, ob meine flüchtige Bekannte bereits wieder im Lande weilt und für eine polizeiliche Befragung zur Verfügung steht.

„Nein. Leider", sage ich, „aber vielleicht kann ich sonst was für Sie tun, ermittlungsmäßig?"

Die Banane lasse ich vorerst unerwähnt, und auch, daß gestern der Bertl oder seine Spießgesellen zu Besuch waren, Sarahs Sachen abgeholt habe, und im ganzen Haus das Licht haben brennen lassen.

Das würde nur noch mehr Verwirrung stiften.

Und ich finde, Gomez und Alvarez sollten in Ruhe ihre Arbeit tun.

„Danke“, sagt Elvira.
„Buenas tardes“, sage ich.
Dann gehe ich zum Frühstück.

21

Frau Ilse sitzt in Begleitung eines Gin Tonic auf ihrem Stammplatz an der Pool-Bar.

Aber sie sieht heute garnicht gut aus. Irgendwie besorgt und um Jahre gealtert.

„Ich muß mit dir reden“, sagt sie, nachdem der stets fröhliche Barmann ein kleines Bier vor mich hingestellt hat.

„Was spricht dagegen?“ frage ich.

„Aber nicht hier“, sagt Frau Ilse.

Sie leert ihr Glas in einem Zug, und ich muß es ihr gleichtun, sonst ist sie auch schon auf und davon, und ich erfahre nicht einmal, was es zu Bereden gibt.

Sie packt mich in ihren weißen Mercedes, und es geht in wilder Fahrt über die Schnellstraße in Richtung Norden. Während Frau Ilse damit beschäftigt ist, kriechende Touristen in ihren (Waschek-)Mietwagen, wenns sein muß, auch rechts, zu überholen, denke ich drüber nach, was Sarah im Flieger zu mir gesagt hat, nämlich daß der Norden der Insel ganz anders sein soll als der wüstenhafte Süden, ein einziges Blütenmeer.

So weit kommen wir aber nicht. Frau Ilse verläßt nach halsbrecherischen zehn Minuten die Schnellstraße und biegt ab in einen staubigen Stichweg, der direkt ans Meer führt.

Dort liegt El Puertito. Eine Handvoll weiß getünchter Häuser, die sich über einen baldigen Neuanstrich sicherlich freuen würden, und ein Wirtshaus mit Terrasse und Ausblick auf die kleine Bucht. Zwei Schattenplätze sind noch frei. Der Rest ist belegt von einer kanarischen Großfamilie, die den Geburtstag ihres Großvaters feiert.

Das Service obliegt allein der hantigen Wirtin, die mit den drei Dutzend Gratulanten schon alle Hände voll zu tun und auf uns nicht unbedingt gewartet hat.

Es wird zwar was geben, und zwar einen Fisch, versichert sie Frau Ilse, aber der wird noch dauern.

„Es ist was passiert“, überbrückt Frau Ilse die längere Wartezeit. „Und ich möchte, daß du das für dich behältst.“

Ich nicke und gebe ihr mein Pfadfinder-Ehrenwort.

„Und zwar?“ sage ich dann.

„Schwer zu sagen“, sagt Frau Ilse, nimmt ihre Designer-Sonnenbrille ab und schaut mir in die Augen.

„Was weißt du über den Herbert?“

„Meinst du den Bertl? Dein Tennis-As, das mit mir in die Schul gegangen ist?“

„Ich will mehr über ihn wissen“, sagt Frau Ilse. Dann gehen wahrscheinlich tausend Gedanken durch ihren Kopf, und schließlich ergreift sie meine Hand.

„Kannst du dir vorstellen, daß der Herbert mir oder meinem Mann schaden will? Und ich will darauf eine ehrliche Antwort, Kurtl.“

„Scheiße“, sage ich und bin nahe dran, meinem Urlaubstraum von meinem ursprünglichen Urlaubstraum zu berichten, der mir aber durch den Bertl abhandengekommen ist.

Gottseidank kommt die Wirtin vorbei, bringt einen halben Liter vom roten Hauswein und ein paar Scheiben Knoblauchbrot zum Beißen, denn es wird noch dauern, bis der Fisch gefangen, ausgenommen, gebraten und tellerfertig ist.

„Der Bertl“, sage ich, dankbar für die Nachdenkpause, „der gute Bertl war immer schon so ein Fall.“

„Würde er, deiner Meinung nach, anderer Leute Existenz bedrohen?“ fragt Frau Ilse in einem Ton, der keine weiteren Ausflüchte zuläßt.

„Also, ich würd so sagen“, sage ich, „der Bertl war immer schon ein Gfrastsackl und ein linker Agent. Aber was ist denn eigentlich passiert? Was hat er schon wieder angestellt?“

„Ich würd es dir sagen, wenn ich könnte", sagt Frau Ilse, „aber es geht nicht. Das hört sich jetzt wahrscheinlich blöd an für dich: Aber es ist nicht alles so, wie du glaubst. Und es war mein Fehler, dem Herbert Dinge zu erzählen, die er eigentlich nie hätte erfahren dürfen. Aber es gibt Momente im Leben, da ist man einfach froh, wenn jemand da ist, der einem zuhört. Und dann redet man drauflos, ohne nachzudenken. Und man glaubt, der andere versteht dich. Aber so wies jetzt aussschaut, hab ich mich da kräftig getäuscht. Und das tut weh. Sehr weh sogar."

Und plötzlich weint Frau Ilse.

Und ich weiß immer noch nicht, was ihr der Bertl eigentlich angetan hat.

Aber soviel weiß ich: Die beiden haben miteinander nicht nur Tennis gespielt.

22

„Welche Perversion des Geistes treibt den zivilisierten Mitteleuropäer des ausklingenden 20. Jahrhunderts nur auf dieses vulkanische Eiland", sagt der Doc.

Dann nimmt er einen sehr großen und einen etwas weniger großen Koffer wieder auf und marschiert schnaubend an mir vorbei ins Haus.

Ich stehe, nur mit einem Handtuch bekleidet, in der Tür und sage: „Nau hallo", weniger ein Gruß, als vielmehr ein Ausdruck des Erstaunens.

„Laß offen", sagt der Doc, „der Trainer kommt gleich. Er hadert nur mit der Parklücke. Oder hat sich in sie verliebt. Ich weiß es nicht. Der Mann ist mir immer mehr ein Rätsel. Hast du gewußt, wie er Auto fährt?"

Wohl weil für sein erlittenes Martyrium die Worte nicht ausreichen, läßt er sein Gepäck auf den Steinboden knallen, daß die ganze Bude bebt.

„Die reinste Hölle“, knirscht er.

Da fliegt oben die Schlafzimmertür auf.

„Ist dir was, Kurtl?“ ruft Frau Ilse.

Und zeigt sich auf der Treppe, äußerst knapp bekleidet mit einem champagnerfarbenen Höschen und Büstenhalter.

„Kann ich dir was he –?“

Dann erblickt sie diesen ihr fremden Herren mit seinen beiden Koffern, der sich eben mit einem weißen Taschentuch den Schweiß von der leichenblassen Stirn wischen will.

„Oh“, sagt Doktor Trash.

„Ah. Besuch“, sagt Frau Ilse.

„Servas, Kurtl“, sagt der Trainer und marschiert, bepackt mit einem enormen Seesack, durch die Tür. „Da hats vielleicht eine Hitz. Gibts ein Bier?“

Sein suchender Blick fällt auf Frau Ilse, deren makellose Sonnenbräune durch die champagnerfarbenen Dessous noch viel besser zur Geltung kommt.

„Tag“, sagt er zu ihr hinauf, und sieht fragend zuerst den Doc und dann mich an.

„Tag“, sagt Frau Ilse, lächelt verlegen und huscht zurück ins Schlafzimmer.

„Ich dachte, sie ist verschwunden“, wendet sich der Doc mit leiser Stimme an mich und deutet mit dem Daumen in Richtung Treppe.

„Das is doch nicht die Sarah, Doc!“ plärrt der Trainer. „Das is vielleicht ihre Frau Mama.“

Ich bitte ihn barsch, sich zu zügeln.

„Das ist die Ilse“, sage ich dann.

Und sehe eigentlich keine Veranlassung, den ungebetenen Gästen die Anwesenheit meiner so erfreulichen (aber heute leicht geknickten) Urlaubsbekanntschaft näher zu erläutern. Man hat schließlich ein Anrecht auf sein Privatleben, und dazu gehört, zumindest in diesen Breiten, auch der erholsame Siestaschlaf.

Der heute übrigens gar nicht so erholsam war. Denn Frau

Ilse litt weiter unter dem Unaussprechlichen, das ihr der Bertl angetan hat. Und ich kämpfte mit einer leichten Übelkeit, die ich dem Mittagsfisch aus El Puertito anlasten würde. Außerdem wollte mir nicht und nicht in den Kopf, daß eine unbeschwerte Urlaubsbekanntschaft nicht eine unbeschwerte Urlaubsbekanntschaft bleiben kann – zwanglos, fröhlich, ungetrübt von den Problemen des Alltags.

Und jetzt auch noch Trainer & Trash.

Am Telefon sind die beiden mitunter ja recht nützlich. Aber hier im Zentrum des Geschehens, im Auge des Hurrikans, möchte ich fast sagen, brauche ich die zwei zirka so dringend wie eine Lungenentzündung.

„Was machts ihr eigentlich da?" sage ich also zum Trainer.

„Wir holen dich da raus", trompetet er.

„Wir werden es zumindest versuchen", schränkt der Doktor ein, „aber die Sache sieht garnicht gut aus."

Das interessiert mich im Moment weniger als die Frage, wie es meine beiden Helfer so rasch hierher geschafft haben.

„Das mußt du den Doc fragen", sagt der Trainer, „da kenn ich mich zu wenig aus."

Jedenfalls dürfte der Trainer den Doc eine Flasche Calvados lang von der Dringlichkeit ihrer Mission überzeugt haben, worauf dieser sämtliche Restplatzbörsen dieser Welt, zu denen er mit seinem Computer Zutritt hat, nach Billigangeboten abgeklappert hat.

Mit Erfolg. Und so flogen Trainer und Trash heute im Morgengrauen von Wien zwar nicht direkt, aber dafür über Marseille, Tunis und Casablanca hierher ins Inselparadies.

Für die zweieinhalb Blauen, die der Spaß gekostet hat, kriegt man natürlich kein Quartier mit Frühstück oder Halbpension, und daher werden die Herren meine Gäste sein.

„Wir haben uns gedacht, jetzt, wo deine Sarah weg ist, hast du eh jede Menge Platz", meint der Trainer.

Dann grinst er blöd, und deutet mit dem Kopf hinauf zum Schlafzimmer.

„Das haben wir ja nicht wissen können."

Wie auf Stichwort kommt Frau Ilse die Treppe herunter, ihre nahtlos gebräunten Rundungen wieder verhüllt unter einem grobleinenen Strandkleid, Handtäschchen und Sonnenbrille in der Hand.

„Ich werd dann gehen", sagt sie zu mir.

„Darf ich vorstellen", sage ich, weil ich weiß, was sich gehört. „Das sind gute Freunde von mir. Der Trainer und der Doktor Trash. – Frau Ilse."

„Sehr erfreut", sagt Frau Ilse reserviert, vielleicht weil sie mit einem anderen guten Bekannten von mir keine so guten Erfahrungen gemacht hat.

Man will aber auch nicht unhöflich sein, und so fragt sie den Trainer, was und wen er denn trainiert.

„Naja", sagt der Trainer und erklärt ihr dann so umständlich wie möglich, daß er eigentlich kein Trainer im eigentlich Sinn ist, eher ein Trainer im übertragenen Sinn, wenn überhaupt, und daß sich seine Trainertätigkeit mehr aufs Mentale beschränkt.

So genau will Frau Ilse das gar nicht wissen, und fragt den Doc erst gar nicht, was er denn für ein Doktor ist.

Das kränkt den klugen Mann irgendwie.

„Wo in diesen traurigen Gemäuern gibt es einen stillen Ort?" unterbricht er den Smalltalk. Ich deute nach oben. Und der Doktor ergreift stumm sein Reisegepäck und zieht sich grußlos zurück.

„Ein ungewöhnlicher Mensch", meint Frau Ilse. „Was macht er so? Auch Musik?"

„Musik?" lacht der Trainer. „Er zieht den Kurtl aus der Scheiße und kriegt dafür meistens nicht einmal ein Dankeschön."

„Wie wärs mit einem Bier, Trainer", falle ich ihm freundlich, aber bestimmt ins Wort.

Und weil Frau Ilse auch nicht nein sagt, hole ich drei *Dorada* aus dem Eis, bitte die Gäste hinaus auf die kleine Terrasse und hoffe inständig, daß sich der Trainer mit seinen Aussagen über die wahren Hintergründe seines Blitzbesuches etwas zurückhält.

Gottseidank finden er und Frau Ilse aber schnell ein unverfängliches Thema, das beiden Freude macht.

Katzen.

Es geht um Katzenflöhe, Katzenfutter, Katzenliebe, während oben im Schlafzimmer der Doc lautstark rumort.

Ich lasse die beiden mit ihren Viechern allein und gehe nachsehen.

„Was wird das?" frage ich den Doc, als ich mich vom ersten Schock erholt habe.

Er hat das Schlafzimmer zu einer mobilen Kommandozentrale umgebaut und bringt soeben Ordnung in ein Wirrwarr aus Kabeln, Drähten, bunt blinkenden Kästchen und einem tragbaren Computer.

„Würde mir vielleicht jemand zur Hand gehen?" sagt er und drückt mir eine Kabelrolle in die Finger. „Die Buchse gehört in die Telefonsteckdose. Weißt du, wo die ist?"

„Keine Ahnung."

„Dann mußt du sie suchen", sagt der Doktor und läßt mich stehen.

„Wahrscheinlich unten", denke ich laut beim Hinausgehen.

Telekommunikation und moderne Datenübermittlung sind, muß ich ganz ehrlich zugeben, nicht mein Fachgebiet. Das stört mich auch nicht weiter, solang ich damit nix zu tun habe. Aber jetzt hält die Datenwelt Einzug in meinem Urlaubsbungalow, und das ist mir nicht ganz recht. Was mich am meisten stört ist, daß sich der Doktor offensichtlich mein Schlafzimmer unter den Nagel gerissen hat, und ich mich bis ans Ende meiner Urlaubstage mit dem Trainer auf dem Klappbett unten im Wohnzimmer zusammenpferchen muß.

„Es wird eng werden", sage ich noch.

Der Doc blickt von seinem Bildschirm auf und schaut mich verständnislos an.

„Kann man in diesem Kagran des Südens wenigstens halbwegs gut essen?“ erkundigt er sich dann. „Aber bitte keine Italiener, Inder oder Chinesen.“

Da der Doktor ja so gut wie nie das Haus verläßt, also auch nicht auswärts zu speisen pflegt, andererseits aber das Datenmenü noch nicht erfunden ist, das dem menschlichen Körper die lebensnotwenigen Nährstoffe zuführt, läßt er sich seine Menage von gastronomischen Zustelldiensten in die Kirchengasse liefern.

Pizza. Hühner-Curry. Knusprige Ente.

„Keine Sorge“, sage ich. „Ich weiß da was Nettes.“

Dann mache ich mich mit der Kabelrolle auf die Suche nach der Telefonsteckdose, damit der Doc endlich *online* gehen kann.

Was immer das auch sein mag.

23

Larry spielt Mozart, die Sonne geht unter, und Frau Ilse hat für uns auf der Terrasse den Tisch mit der schönsten Aussicht herrichten lassen.

Aber wir sind nicht zum Vergnügen da. Sagen Trainer und Doc. Das ist ein Arbeitsessen.

Während sie ihre Tomatencremesuppe löffeln, kramen meine freiwilligen Helfer in einem Packen Computerausdrucke, die sie als Gedächtnisstütze mitgebracht haben.

„Wir sehen uns“, hebt der Doc schließlich an, „und zwar geordnet nach ihrer zeitlichen Abfolge, mit folgenden Geschehnissen konfrontiert: Erstens. Das Verschwinden der Sarah Resch. Und zwar am Vormittag des 5.1. Zweitens. Das Auffinden einer unbekannten weiblichen Toten durch zwei belgische Radfahrer. Und zwar am Morgen des 7.1.“

„Holländische", korrigiere ich den Doc. „Das waren holländische Radfahrer."

„Keine Belgier?" sagt der Doc, und dann zum Trainer: „Hast du nicht gesagt, es waren Belgier?"

„Weiß ich nimmer. Is ja auch egal."

„Nichts ist egal", ermahnt ihn der Doc. „Wenn es Holländer waren, können es keine Belgier gewesen sein. Aber weiter: Bei der Toten wurde der Schlüsselbund jener Sarah Resch gefunden, die am 5.1. vormittags den Bungalow C-17 der Anlage *Oasis* verlassen hat und seitdem nicht wieder aufgetaucht ist. Und das, möchte ich hinzufügen, nachdem sie ein längeres Telefonat mit einem gewissen Brehm, Herbert, geführt hat. Drittens: Das Auftauchen der mysteriösen Banane. Im Mietwagen der Sarah Resch, der bereits im Laufe des 6. 1. an die Firma *Avis* zurückerstattet wurde, wird ein Sporttäschchen gefunden, das, laut Aussage unseres lieben Freundes Kurt, nicht Sarah Resch gehört. Der Inhalt dieser sogenannten Banane legt die Vermutung nahe, daß es sich bei der Besitzerin um eine deutsche Staatsbürgerin handelt."

„Wo steht das?" frage ich.

„Bei zirka 70 Prozent der Telefonnummern in dem Büchlein handelt es sich um Anschlüsse im Raum Regensburg. Und erwiesenermaßen hat man dort, wo man lebt, auch die meisten Bekannten. Aber weiter. Wir kommen nun zu jenen Ereignissen, die sich nach unserem letzten Informationsgespräch bzw. unserer Abreise aus Wien zugetragen haben, und daher noch nicht zur Gänze datenmäßig erfaßt werden konnten."

Der Doc greift daher auf handschriftliche Notizen zurück.

„Viertens: Das Verschwinden von Sarahs Sachen. Entdeckt am späten Abend des 8.1. durch unseren Freund Kurt. Fünftens: Sarahs Abschiedsbrief. Nach längerer Prüfung teile ich Kurts Vermutung, daß es sich bei dem Verfasser nicht um Sarah Resch handelt. Sein Verdacht, der bereits erwähnte Brehm, Herbert könnte Verfasser dieser Zeilen sein, läßt sich jedoch nicht bestätigen, da keine Handschriftenprobe zum Vergleich vorliegt."

„Sowas weiß man ganz einfach, Doc", sage ich. „Das war der Bertl. Dazu brauch ich keine Probe."

Der Doc schenkt mir nur einen mitleidigen Blick, ehe er zum sechsten und letzten Punkt seiner Liste kommt.

„Das Geständnis der Ilse Waschek von heute, dem 9.1., daß sie im Dezember letzten Jahres ihrem Tennispartner – Brehm, Herbert – Dinge aus ihrem Berufs-, Privat- oder gar Intimleben anvertraut hat, die dieser nun anscheinend gegen die Unternehmersgattin und ihren Mann – Waschek, Walter – verwenden will; zum Zwecke der persönlichen Bereicherung, würde ich meinen."

„Na! Was sagst du jetzt?" mampft der Trainer. Er verschlingt ein T-Bone-Steak (vom argentinischen Rind), als wärs seine erste warme Mahlzeit seit Wochen.

„Ich weiß das alles", sage ich. „Ich habs sogar selbst erlebt."

„Und doch weißt du garnichts", sagt der Doc. Er hat die zarte Hühnerbrust mit Frühlingsgemüse und kanarischen Salzkartoffeln gewählt, und dazu einen leichten Weißen aus dem Norden. Dann sagt er längere Zeit nix mehr, denn jetzt will er in Frieden essen.

Der Trainer übernimmt fliegend und kauend das Kommando.

„Zum Beispiel deine Sarah", sagt er. „Mit der hast du dir wieder einmal was eingetreten."

„Und zwar?"

„Die studiert weder Linguistik noch sonstwas. Die ist auf der Adresse im 16., beim Wilhelminenspital, nicht gemeldet. Da gibts nur einen Hammermüller. Roland oder Richard. Und die einzige Sarah Resch, die es gibt in Wien, wohnt in Rodaun und ist 87. Eine pensionierte Volksschuldirektorin."

„Vielleicht ihre Oma?" sage ich.

„Sehr witzig", sagt der Trainer. „Und was den Bertl angeht.

Wir haben auch da ein bißl nachgewassert. Dein Freund, der Bertl, ist vor eineinhalb Jahren von Venezuela nach Österreich zurück. Zuerst war er in Salzburg, dann in Linz, und letzten Herbst ist er nach Deutschland übersiedelt. Ins schöne Regensburg."

„Und woher wißts ihr das?"

„Ganz einfach. Ich hab seine Mutter angerufen. Die macht sich immer noch Sorgen, weil der Herbert nicht und nicht zur Ruhe kommt. Jetzt ist er 45 und das zweite Mal geschieden und macht seiner alten Mutter nicht die Freud, endlich seinen Platz im Leben zu finden."

„Ein Getriebener", meldet sich der Doc. „Wie wir alle."

„Ja, von mir aus", sage ich, „aber warum treibts ihn immer in meine Richtung?"

„Das herauszuarbeiten wird in den nächsten Tagen unsere Aufgabe sein", sagt der Doc und ißt weiter.

„Aber wir haben schon ein paar interessante Anhaltspunkte", sagt der Trainer. „Der Bertl ist nach seiner Linzer Scheidung nach Regensburg gezogen, weil er dort eine Freundin hat. Und die wiederum hat ein Investment-Unternehmen, das irgendwelche Liegenschaften in Spanien, vor allem auf den kanarischen Inseln, verschachert."

„Was erklären würde, warum dein Bertl im Dezember die Küste auf- und abgefahren ist, auf der Suche nach geeigneten Objekten, wenn er nicht grad mit deiner Frau Ilse zum Tennis war", kommt mir der Doc auf süffisant.

„Und wie heißt dieses Investment-Dings, vielleicht zufällig *Victory*?" frage ich.

„Wie kommst du da drauf?" staunt der Trainer.

„Weil ein Packen Visitenkarten einer Firma *Victory-Investments* in der Banane ist und weil ich nicht ganz so blöd bin, wie ihr glaubts."

Die ganze Sache wird aber gleich ziemlich unübersichtlich. Weil der Trainer, nach dem mindestens sechsten Bier, eine Eingebung hat, die er uns nicht vorenthalten kann.

„Ganz klar“, sagt er, um uns dann mit nachfolgender Theorie zu verblüffen:

Der Bertl hat eine Freundin in Regensburg, die ihn ins Investment-Business einführt. Das ist die hohe Kunst, dem braven Sparer sein Geld abzuknöpfen, es in ruinöse Projekte zu stecken, damit Bankrott zu gehen, aber trotzdem seinen Reibach zu machen.

Soweit kann ich den Ausführungen des Trainers noch folgen. Und das wäre auch genau dem Bertl sein Metier.

Aber. Der Bertl hat nicht nur seine Investment-Freundin aus Regensburg, sondern auch eine Wiener Flamme namens Sarah, ein Luxusgeschöpf, dem man schon was bieten muß, sonst ist es auf und davon. Also lädt der Bertl die steile Sarah auf Teneriffa ein, wo er gelegentlich für *Victory-Investments* tätig ist. Nur leider stört seine Regensburgerin die Idylle, indem sie unangemeldet anreist, und den Bertl in Sarahs Armen antrifft. Im Zuge einer heftigen Auseinandersetzung kommt die Gehörnte zu Tode, und der Bertl und Sarah schaffen die Leiche in die Berge, um sie dort nächtens in eine Schlucht zu werfen. Dabei übersehen sie in ihrer Aufregung die Banane, die im Mietwagen zurückbleibt und über Umwege in unseren Besitz gelangt. Durch sie ist es uns schließlich möglich, dieses schreckliche Verbrechen aufzuklären.

„Und wo bleiben Ilse und Walter Waschek?“ erkundigt sich der Doc, nachdem der Trainer seinen Vortrag beendet hat.

„Und was hab ich mit der ganzen Sache zu tun?“ füge ich hinzu.

„Das ist natürlich richtig“, sagt der Trainer nach gründlicher Überlegung.

„Aber irgendwas ist da dran, oder?“

Da es sich hier tatsächlich um ein Arbeitsessen handelt, das auch steuerlich absetzbar ist, lade ich meine beiden Helfer natürlich ein.

Der Doc nimmt das mit einem wohlwollenden Kopfnicken zur Kenntnis. Der Trainer aber verlangt sofort lautstark nach der Getränkekarte.

„Das Reisen ermüdet“, sagt der Doc und deutet hinter vorgehaltener Hand ein Gähnen an.

„Dann schmeiß dich einstweilen aufs Ohr, der Kurtl und ich finden auch ohne dich ins Bett“, meint der Trainer.

Er ist hellwach. Und in freudiger Erwartung des *Carlos III*, den ich ihm dringend ans Herz gelegt habe.

Und außerdem ist mir nicht entgangen, daß er seit geraumer Zeit einer stolzen Spanierin zuzwinkert, die sich am Nebentisch mit ihren beiden nicht sonderlich ansehnlichen Freundinnen langweilt, und die Annäherungsversuche des Trainers mit einem sphinxischen Lächeln beantwortet.

„Vorschlag“, sage ich zum Trainer. „Der Doc und ich machen uns auf den Heimweg, und du schnupperst noch ein bißl Meeresluft.“

„Super Idee“, sagt der Trainer.

Daß die stolze Spanierin vom Nebentisch Uschi heißt, aus Brunn am Gebirge kommt, und ihr Lächeln ursprünglich mir und nicht dem Trainer galt, das sollte ich erst am frühen Abend des nächsten Tages erfahren.

Aber so ist er, der Trainer.

Wie der Doktor sagt: Immer mehr ein Rätsel.

24

Der Doc und ich sitzen bei Kaffee und Kuchen auf der Terrasse.

Dieser durch und durch mißtrauische Mensch hat sich doch tatsächlich sein eigenes Frühstück mitgebracht. Ein Kilo vom Magenfreundlichen und einen Marmorgugelhupf.

Das reichhalte Buffett im *Oasis*-Clubhaus hat er kategorisch abgelehnt. Zu viele Menschen, so früh am Morgen.

Der Gugelhupf ist zwar ein bißl speckig, sitzengeblieben,

wie die Hausfrau sagt, aber hausgemacht ist hausgemacht. Der Doktor murmelt was von einer jungen wißbegierigen Studentin, die in der Kirchengasse einen Stock über ihm wohnt und sich für gelegentliche Tips, Ratschläge und Hilfestellungen mit Selbstgebackenem erkenntlich zeigt.

Das ist das erste Mal, daß er mich einen Blick in sein Innerstes werfen läßt.

Und schon ist dieser seltene Augenblick vorüber. Und es geht zurück an die Arbeit.

Natürlich hat der Doc letzte Nacht kaum ein Auge zugetan, obwohl von der beschwerlichen Anreise rechtschaffen müde, und hat seinen Apparaturen neue, aufschlußreiche Daten abgeluchst.

Ich war davon insofern betroffen, als sich das widerwärtige laute Fiepen, Zischen und Rauschen seiner Modem-Maschine in meine Träume schlich und ich mehrmals schweißgebadet aufwachte, um Haaresbreite der Attacke einer Riesenheuschrecke entronnen, deren Killervisage unverkennbar Bertls Züge trug.

Das positive Ergebnis dieser für beide beschwerlichen Nacht: Es gibt Neuigkeiten über *Victory*. Der Investmentladen in Regensburg gehört zu gleichen Teilen einem Markus Krüger und einer Sybille List. Die Firma existiert seit 1991 und hat seit letzten Sommer auch einen Ableger in Spanien. Bei der *Victory Investments* in Los Christianos sind die Besitzverhältnisse andere: Da hält Frau Sybille List 90 Prozent der Firmenanteile und hat einen stillen Teilhaber mit Namen *WW Enterprises*.

„W.W.", wiederholt der Doc.

„Wie Walter Waschek", sage ich. „Da kommt Freude auf."

25

Frau Ilses Stammplatz an der Pool-Bar ist leer, und der fröhliche Barmann händigt mir auch nicht ungefragt das erste Bier des Tages aus.

Also bestell ich mir eins und erkundige mich nach dem Verbleib der Chefin.

Er erklärt mir ganz genau, wo ich Frau Ilse finden kann. Nur leider versteh ich ihn nicht.

„No comprende", sage ich.

„Macht nix", sagt er auf spanisch und löst unser Problem mit einer kleinen pantomimischen Einlage. Zuerst legt er in einem imaginären Wagen den Gang ein, dann gibt er Gas, und braust davon.

„Auto", sage ich.

„Si", sagt der Barmann.

Jetzt wirds schwieriger. Er deutet runter zur Straße, zeichnet ein Haus in die Luft und macht die international gebräuchliche Geste für jede Form von Geldverkehr, indem er Daumen und Zeigefinger aneinander reibt.

„Autohaus?" tippe ich.

„Si si", freut er sich. „Rent-A-Car."

Also mache ich mich nach einem zweiten kleinen Bier auf den Weg zu Waschecks Mietwagensalon. Vor mir liegt eine schöne, wenn auch schwere Aufgabe.

Die Idee kam vom Doc, und ich weiß immer noch nicht, ob ich sie eigentlich gut finde.

Nachdem der Bertl der Schlüssel zu all den betrüblichen, ja existenzbedrohenden Ereignissen der letzten Tage ist und sowohl im Leben der Firma *Victory*, als auch in dem des Ehepaares Waschek sein Unwesen treibt, wird der Doc versuchen, über *Victory* seine Fährte aufzunehmen, während ich das Gespräch mit Frau Ilse suchen soll.

Um ihr reinen Wein einzuschenken. Über den Bertl. Und alles, das er mir angetan hat. Mit dem leisen, aber legitimen

Hintergedanken, die ganze Wahrheit über seinen Waschek-Plan zu erfahren.

„Ein Gespräch von Opfer zu Opfer, Kurt", gab mir der Doc mit auf den Weg. „Denn du weißt: geteiltes Leid ist halbes Leid."

Bei *WW Rent-A-Car* ist die Hölle los. In dem kleinen, schlecht entlüfteten Gassenlokal rauft sich gut ein Dutzend Urlauber deutscher Zunge um die letzten verfügbaren Waschek-Wagen. Es ist Hochsaison und alles restlos ausgebucht, aber vielleicht läßt sich doch was machen. Aber eines möchte das Fräulein hinter der Budel gleich vorausschicken: Die günstigen Wagen der Kategorien A bis D sind alle schon weg.

Als ich endlich an der Reihe bin, sind nur noch die Geländegängigen mit Vierradantrieb vorrätig, Kategorie E, wie Extraklasse.

Das Waschek-Girl versteht sein Geschäft.

„Ich hätte nur gern die Chefin gesprochen, die Frau Waschek", muß ich sie enttäuschen.

„Worum gehts denn? Eine Reklamation?" fragt sie vorbeugend.

„Was Privates. Ostbahn, mein Name."

„Ich werd schauen", sagt sie, und flüstert dann in ihre Gegensprechanlage.

„Die Chefin ist nicht da. Aber der Herr Waschek kommt gleich. Wenn Sie vielleicht ein Stück zur Seite gehen, dann kann ich da weiterarbeiten. Danke."

Ich werde staunend Zeuge, wie das arbeitsame Fräulein für ein älteres schwäbisches Ehepaar, das offenbar zur Stammkundschaft zählt, in Windeseile das Unmögliche möglich macht, nämlich einen Wagen der untersten Preisklasse aufzutreiben. Dann kommt auch schon der Waschek von hinten aus seinem Büro, quetscht sich an seiner Mitarbeiterin und der Budel vorbei und bittet mich mit einer ausladenden Geste hinaus vors Lokal auf die Straße.

Was hat er vor?

Ein Vieraugengespräch von Mann zu Mann?

„Servas, Kurtl", sagt er.

Ich halte wohlweislich Abstand und entgehe dadurch heute seinem amikalen Prankenhieb.

„Wie ist die Lage?" frage ich und meine es auch so.

Aber der Waschek gibt keine Stellungnahme ab.

„Man lebt", sagt er stattdessen. „Und das is des wichtigste im Leben, oder?"

Dann lacht er, aber man sieht ganz genau, daß ihm nicht nach Lachen zumute ist.

„Ich war grad in der Gegend. Da hab ich mir gedacht, ich schau einen Sprung bei euch vorbei. Auf ein Plauscherl. Aber ich seh eh, bei euch is Hochbetrieb", sage ich, quasi schon wieder im Gehen.

„Gut, daß du da bist. Ich wollt eh mit dir reden. Unter Männern, sozusagen", hält mich der Waschek zurück. Dann kratzt er sich länger hinterm Ohr.

Also doch. Von Mann zu Mann.

„Was fallt an?" sage ich möglichst unschuldig.

„Versteh mich richtig", sagt er, macht schnaufend eine Pause und gibt sich schließlich einen Ruck. „Es ist wegen der Ilse. Die ist momentan ned gut beinand. Seelisch, mein ich. Was soll ich dir sagen? Weiber. Zu viel Herz, aber zu wenig im Hirn. Manchmal. Ich hab selber grad massive Bröseln. Im Gschäft. Und das brauchert ich jetzt grad noch zu meinem Glück, daß mir die Ilse umfallt. Verstehst, was ich mein?"

„Ich versteh alles", sage ich.

„Ich mein", meint der Waschek weiter, „du und die Ilse, ihr vertragts euch ja gut, hab ich den Eindruck. Sag, könntest du dich nicht ein bißl um sie kümmern? Mach mit ihr einen Ausflug oder was. Damit sie auf andere Gedanken kommt."

„Kann ja kein Problem sein", sage ich.

„Bist ein Bursch, Kurtl", sagt der Waschek. Aber jetzt entkomme ich seiner Pranke nicht.

Dann erklärt er mir, wo sich die Holde gerade aufhält, allein mit ihren musikalischen Grüßen aus der Heimat. Oben in den Bergen. In einem Haus bei Vilaflor. Und ich erfahre, was ich schon seit zwei Tagen weiß, nämlich wie ich da am besten hinkomme. Und sollte ich keinen Wagen haben, die Firma *WW Rent-A-Car* stellt mir selbstverständlich ein Fahrzeug zur Verfügung. Gratis.

„Apropos", sage ich, weils mir gerade einfällt. „Rein theoretisch: Wenn ich da ein bißl was vom Angesparten investieren wollte, was würdest du mir raten?"

Der Waschek wird auf einen Schlag vom guten Freund zum besten Partner.

„Was willst denn anlegen? So zirka?"

„Weiß nicht", sage ich, weil ich nicht weiß, was man da so sagt.

„Wannst zwei, drei Mille übrig hast, Kurtl, dann wüßt ich da sofort was. Eine todsichere Sache. Aber noch top secret. Aber übers Geld redet man nicht auf der Straße. Da gehen wir in den nächsten Tagen gemütlich was essen, und wann uns das viele Reden zu fad wird, dann weiß ich uns eine schöne Abwechslung. Super Service. Super Mädels. Alles, was das Herz begehrt."

„Naja", sage ich, „reden kost nix."

„So ist es", sagt der Waschek und holt zu einem zweiten Hieb auf meine Schulter aus. Aber jetzt bin ich schneller.

26

Ich warte, bis der Waschek wieder in seinem Laden verschwunden ist, dann winke ich mir ein Taxi.

„Vilaflor", sage ich zum Taxler.

„Österreicher?" fragt er.

„Ja. Warum?"

„Das hört man gleich", sagt er. Und als wir die letzten Baustellen neuer Hotelanlagen hinter uns lassen und die Straße steil und kurvig wird, weiß ich bereits, daß er aus den kargen Weiten Andalusiens stammt, aus einem Kaff namens Dos Barros, sieben Jahre in einem Hotel am Mondsee gearbeitet hat, dann nach Teneriffa gegangen ist, um der sprichwörtlichen Penetranz des deutschen Pauschaltouristen zu entfliehen.

„Aber Scheiße", kommentiert er seine Fehlentscheidung, „Was hab ich jetzt? Noch mehr Piefke. Und besoffene Engländer."

In einer ganz besonders engen und scharfen Kurve platzt ein weißer Mercedes in unser angeregtes Gespräch.

Frau Ilse. Auf dem Weg in die Stadt. Sie fährt wie ein Henker.

Der Taxler verreißt nach rechts, chauffiert uns um Millimeter an Gevatter Tod vorbei, der in den unwegsamen Abgründen einer gut fünfzig Meter tiefen Schlucht geduldig auf motorisierte Opfer wartet, und sagt dann was, das sich anhört wie ein besonders übler Fluch aus seiner andalusischen Heimat.

„Umdrehen", fahre ich ihn an.

Ich weiß nicht, was Frau Ilse vorhat. Aber es könnte ein Selbstmordversuch sein.

Wir verlieren entscheidende Zehntelsekunden, bis ich dem Taxler vorgerechnet habe, wieviele Peseten mir ein sofortiges und zugegegebenermaßen halsbrecherisches Wendemanöver wert sind.

Irgendwie erkennt er den Ernst der Lage, steckt den Pesetenschein mit den meisten Nullen wortlos in die Brusttasche und nimmt die Verfolgung auf.

Frau Ilse hat drei Spitzkehren Vorsprung und tritt ihren Mercedes mit dem Bleifuß zu Tale, aber wir arbeiten uns immer näher heran.

Dort, wo die Steinwüste mit ihren staubigen Büschen und Ohrwaschelkakteen nahtlos zur Müllhalde wird, erkennbar an den dekorativ zwischen Buschwerk und Kaktus in die Landschaft drapierten Eiskästen und Autowracks, nahe der Stadtgrenze also, haben wir Frau Ilse bereits beinah eingeholt, und ich mache mich zum Absprung bereit.

Bei der ersten geregelten Kreuzung ist es so weit.

Die Ampel steht auf Rot, das Taxi schleift sich neben Frau Ilse ein, ich wünsche meinem Piloten noch einen geruhsamen Nachmittag und wechsle dann blitzschnell das Fahrzeug.

„Laß mich in Ruh!“, zischt Frau Ilse, als ich neben ihr auf den Beifahrersitz sinke.

Sie starrt in stummer Verzweiflung, zu der sich im Laufe der Vormittagsstunden auch der eine oder andere Gin Tonic gesellt haben, stur geradeaus.

„Mach keinen Blödsinn“, sage ich.

„Mach ich nicht“, sagt Frau Ilse.

Die Ampel springt auf Grün.

„Sehr gut“, sage ich erleichtert.

„Ich mach keinen Blödsinn. Ich mach einfach Schluß“, sagt sie prompt.

Der Fahrer des (Waschek?-)Mietwagens hinter uns wird schön langsam ungeduldig und hupt.

„Arschloch, blödes“, sagt Frau Ilse.

Dann haut sie den Retourgang rein und tritt aufs Gas.

Der Mercedes macht einen Satz nach hinten und räumt dem kleinen Seat mit einem häßlichen Geräusch die Stoßstange ab.

„Großartig“, sage ich und bestehe darauf, daß Frau Ilse ausnahmsweise tut, was ich ihr sage, nämlich das einzig Vernünftige, das mir auf die Schnelle einfällt:

„Los, vergiß ihn und fahr!“

Sie befolgt kommentarlos meinen guten Rat, und schon lassen wir den Unfallort hinter uns, an dem der Seat-Fahrer aus dem Wagen springt und händeringend vor seiner Bescherung steht.

Ich dirigiere Frau Ilse ein paar Mal um die Häuser, und schließlich in eine Parklücke in der Kurzparkzone, weil ein Strafmandat jetzt auch schon egal ist, nach ihrer Teufelsfahrt in alkoholisiertem Zustand, dem Blechschaden und der anschließenden Fahrerflucht.

„Ich kann einfach nicht mehr", sagt Frau Ilse und schluchzt leise, als ich sie hinterm Steuer ihres Boliden hervorgeholt habe und mit ihr die Straße überquere.

Auf der anderen Seite gibt es eine Grünanlage mit vielen Palmen, bunt blühenden Sträuchern und einem Erfrischungsstand.

Ich frage Frau Ilse, ob sie was haben will.

„Ja", sagt sie und schnieft. „Ein Eis."

Also kaufe ich ihr einen Jumbobecher Erdbeer, Schokolade und Vanille. Dann setzen wir uns im Park auf ein schattiges Bankerl.

„Weißt du, Kurtl, ich will endlich wieder heim", sagt Frau Ilse und starrt dabei in ihren Eisbecher. „Aber ich kann nicht."

„Warum?" will ich wissen.

„Weil es nicht mehr geht", sagt Frau Ilse.

Und dann erfahre ich aus berufenem Munde, was das eigentlich ist: Schatten der Vergangenheit.

27

Vor 16 Jahren hieß der Waschek noch Watouschek, war 40 Kilo leichter und Verkäufer im Gebrauchtwagenhandel *Hofstätter* in der Avediktstraße, gleich vorn beim Technischen Museum.

Er war ein ehrgeiziger junger Mann, der sich was aufbauen wollte, aber mit den Ami-Schlitten, auf die sich das Haus *Hofstätter* spezialisiert hatte, war das nicht möglich. Die Rohstoffreserven waren knapp, die Bezinpreise am Plafond, und so wollte niemand diese spritfressenden Ungeheuer haben, außer ein paar Zuhälter vom alten Schlag oder der eine oder andere Sammler und Haifischflossen-Fetischist.

Frau Ilse hatte damals, vor 16 Jahren, soeben eine große Enttäuschung verwunden, die ihr sieben Jahre ihres Lebens gekostet hat, und der spitzbübische Charme des jungen Walter brachte endlich wieder etwas Sonnenschein in ihr Leben. Außerdem war er ein stürmischer, leidenschaftlicher Liebhaber, etwas, das sie viele Jahre an der Seite ihrer großen Enttäuschung schmerzlich vermißt hatte.

Der schlanke Walter und die resche Ilse verdankten ihr junges Glück der *Creditanstalt-Bankverein*, Filiale Schwendermarkt, wo Frau Ilse in der Kundenbetreuung tätig war. Walter Watouschek, mit seinem chronisch überzogenen Gehaltskonto, war ihr der mit Abstand liebste Kunde. Immer zu Späßen aufgelegt, auch wenn die Kontoauszüge wieder einmal zum Weinen waren. Er war in dem Autohaus gleich um die Ecke mit einem Minimalgehalt angestellt und arbeitete auf Provisionsbasis, nur war es mit den dicken Provisionen Essig, wenn sich kein Mensch dicke Autos kaufte.

Trotz seines betrüblichen Kontostandes verwöhnte er seine Betreuerin mit einem Büscherl Gladiolen am Valentinstag oder einer Packung *Katzenzungen*, wenn sie nach überstandener Grippe aus dem Krankenstand ins Bankwesen zurückkehrte.

Ein paar Monate lang knüpften sie so, durch den Bankschalter getrennt, ihre zarten Bande. Dann war Sommer, und es war heiß, und der Walter wartete an einem Freitag, kurz nach drei, vor der *CA* in einem Chevy-Coupé.

Er hatte sich den Schlitten übers Wochenende in der Firma ausgeliehen, volltanken lassen, und lud die ehrlich gerührte Ilse auf eine Spritztour ins nahe Burgenland ein, die ihr Leben grundlegend verändern sollte.

Nach einem Weekend, wie man es nur ein Mal erlebt in

seinem Leben, waren Ilse und Walter ein Paar. Unzertrennlich vom ersten Tage an, liebevoll im Umgang miteinander, der Inbegriff des doch so seltenen Falles, daß zwei sich gefunden haben, die für einander bestimmt sind. Auf Lebzeiten. Und über den Tod hinaus.

Also war bald Hochzeit, und die Ilse wurde zur glückstrahlenden Ilse Watouschek, und es trübte ihre Freude nicht, daß ihre alten Eltern den Walter nicht so sehr ins Herz schließen wollten.

Er ist ein Hallodri, sagte der Vater.

Und er ist zu jung für dich, sagte die Mutter.

Und er hat den Kopf voller hochtrabender Ideen, aber nicht einmal genug Geld am Konto, um seine Familie zu ernähren, sagten beide.

Das mit dem Konto wurde, bereits nach jungem Eheglück, immer schlimmer. Denn der *Hofstätter* machte seinen Laden dicht, und der Walter war plötzlich auf die kärgliche Arbeitslose und Ilses Bankgehalt angewiesen.

Das machte ihn, der das Zeug zum Selfmademan in sich trug, nun gar nicht froh, und er suchte Rat und Hilfe bei ehemaligen Stammkunden aus besseren *Hofstätter*-Tagen, zu denen er auch außerhalb der Geschäftszeiten sporadisch Kontakt gehalten hatte.

Es waren nicht so sehr die Sammler, als vielmehr die Herren aus dem Bereich der konzessionslosen Partnervermittlung.

Walter Watouschek tat ihnen wohl den einen oder anderen Gefallen, jedenfalls kam wieder etwas Geld ins Haus und eines Tages auch ein ganz heißer Tip, wie der Walter, unter Mithilfe seiner Ilse, den Grundstein zu einem neuen Leben in immerwährendemWohlstand legen könnte.

Die Sache war ganz einfach.

Und sie würde auch niemandem schaden, außer der Bank, aber die ist ohnehin versichert.

Liebe macht bekanntlich blind. Aber sie macht auch stark.

Und der anfangs zögerlichen Frau Ilse verlieh sie die Kraft, unbemerkt von Kunden und Revision, dreieinhalb Millionen so geschickt auf Firmen- und Geschäftskonten zu verschieben, daß nach knapp sechs Monaten einem Neubeginn nichts mehr im Wege stand.

Walter Watouschek hatte inzwischen alles in die Wege geleitet, was zum Aufbau einer neuen Existenz notwendig ist. Nach Abzug einer halben Million für die Namensänderung sämtlicher Papiere ins ohnehin griffigere Waschek, machte sich das glückliche Paar mit drei Mille in kleinen Scheinen sozusagen bei Nacht und Nebel auf in ein neues Leben.

Als man eine Woche nach ihrer Abreise bemerkte, daß mit der verläßlichen Frau Ilse auch drei Millionen Schilling das Land verlassen hatten, waren die Waschecks bereits unter südlicher Sonne.

Und der ehrgeizige Walter konnte mit frischer Kraft und dem nötigen Kleingeld, jedoch bald unter Vernachlässigung seiner ehelichen Pflichten, mit der Gründung seines Imperiums beginnen. *WW Enterprises*.

28

„Und all das haben Sie also diesem Herbert Brehm im Dezember letzten Jahres erzählt?" sagt der Doc und dann, wieder einmal: „Sieht garnicht gut aus."

Frau Ilse und ich haben uns zu weiteren Beratungen auf die schattige Terrasse meines Bungalows zurückgezogen, den Doc auf den neuesten Stand gebracht und um eine realistische Einschätzung der Lage gebeten.

„Ich weiß, ich hätte das nicht tun sollen. Aber es gibt manchmal Momente im Leben ...", klagt Frau Ilse.

„Jaja", kürzt der Doc das Verfahren ab. „Was mich jetzt interessiert: Wann, in welcher Form und mit welchen Forderungen ist der Herr Brehm an Sie und Ihren Gatten herangetreten?"

„Das war gestern", sagt Frau Ilse. „In der Früh, als der Walter ins Büro gekommen ist, war da ein gelber Umschlag an der Tür. An ihn persönlich adressiert."

„Und dieser Umschlag war welchen Inhalts?" fragt der Doc.

Und ich denke mir: Allerhand. Hut ab. Der Mann hat schon was los, an dem ist ein Detektiv der Spitzenklasse verlorengegangen, der die ja eher traurige Aufklärungsrate der Wiener Exekutive in noch nie dagewesene Höhen schrauben könnte.

Und der abrupte Orts- und Klimawechsel hat dem Stubenhocker auch nichts anhaben können. Ganz im Gegenteil.

Dann spitze ich wieder die Ohren. Denn Frau Ilse berichtet von den Fotokopien alter Zeitungsausschnitte, die in dem Kuvert an Waschecks Tür gesteckt sind. Berichte aus dem Lokalteil von *Krone* und *Kurier* über das flüchtige Betrügerpärchen Ilse und Walter Watouschek von dem – zuerst – „noch" und – Monate später – „immer noch" jede Spur fehlt.

Und Frau Ilse hat auch das Begleitschreiben gelesen, die auf Maschine geschriebene Grußbotschaft des Erpressers, der zwei Millionen (Schilling, nicht Peseten) fordert. Im Falle der Nichteinbringung sehe er sich genötigt, die österreichischen und spanischen Polizeibehörden über die wahre Identität der Waschecks zu informieren. Und da die Waschecks daran kein gehobenes Interesse haben dürften, mögen sie das Geld doch bitte bereithalten, der genaue Ort und Termin der Übergabe ergeht in den nächsten Tagen in einem getrennten Schreiben.

So zirka der Wortlaut.

Der Doc gibt sich mit einem „zirka" natürlich nicht zufrieden.

„Kann man die Unterlagen irgendwo einsehen?" erkundigt er sich.

„Der Brief ist beim Walter im Büro. In seinem Safe“, sagt Frau Ilse.

„Na, dann kann es ja kein Problem sein, mir eine Kopie zukommen zu lassen.“

Doch das sieht Frau Ilse etwas anders.

„Der Walter hat doch keine Ahnung. Ich mein, er weiß doch von nix ...“, sagt Frau Ilse.

„Moment“, unterbricht sie der Doc. „Was heißt, er weiß von nix. Sie haben doch gerade erzählt, er hätte den Umschlag gestern früh an seiner Bürotür ...“

Jetzt schüttelt Frau Ilse energisch den Kopf.

„So lassen Sie mich doch ausreden!“ wird sie laut.

„Ich bitte darum“, sagt der Doc kühl.

„Also der Walter weiß natürlich nicht, daß ich diesen furchtbaren Fehler begangen habe und dem Herbert die ganze Geschichte erzählt hab. Das würde er mir auch – ich weiß nicht was, ich glaub, umbringen würde er mich für diese Blödheit. Daß ich vielleicht eine Liaison gehabt hab mit dem Herbert, das wäre ihm egal. Das interessiert ihn nicht. Weil ich ihn nicht interessier. Schon lang nicht mehr. Und mir ist Wurscht, was er so treibt, seine ganzen Weibergeschichten. Da gibts nichts mehr, das mich noch aufregen könnt, außer er kommt daher und will mir eines seiner minderjährigen Flitscherln ins Bett legen, alles schon dagewesen ...“

„Schön, schön“, sagt der Doc, weil er nicht in einem Stück alles erfahren will, das im Hause Waschek schon dagewesen ist.

„Was Sie da sagen, ändert doch aber nichts an der Tatsache, daß der Umschlag im Tresor Ihres Mannes liegt.“

„Nein“, sage ich, weil Frau Ilse im Augenblick zu aufgebracht ist, um zu antworten, und sich eine Zigarette anzünden muß.

„Also werden wir, und wenn ich *wir* sage, denke ich da konkret an Sie und unseren guten Freund Kurt, im Büro ihres Mannes vorbeischauen und eine Ablichtung des Erpresserbriefes vornehmen. Der gute Mann wird ja nicht Tag und Nacht werktätig sein, oder?"

„Nein, natürlich nicht", sagt Frau Ilse und schaut mich hilfesuchend an.

„Also, ich weiß nicht", sage ich nur, weil ich den Doc nicht kränken will. Aber die Idee, mit Frau Ilse im Büro ihres Alten einzusteigen, kommt mir ziemlich schwachsinnig vor.

Dann läutet es draußen Sturm.

29

Die verkohlten Überreste des Trainers stehen vor der Tür.

„Scheiße", röchelt er und taumelt an mir vorbei.

Also entweder er hat sich, um seiner stolzen Spanierin zu imponieren, auf ein Parachuting-Abenteuer eingelassen, wie es unten am Strand angeboten wird, und ist dabei der Sonne zu nah gekommen; oder aber seine Flamme hat ihn sich am Spieß gebraten, und der Trainer konnte ihr noch in allerletzter Sekunde vom Teller springen.

Aber weder noch und weit gefehlt, will man den stammelnden, von heftigem Zähneklappern begleiteten Schilderungen des Trainers Glauben schenken:

Er hat ja schon sehr bald nach Verlassen des *Paradise Steakhouse* gewußt, daß die Uschi aus Brunn am Gebirge leider blöd ist wie die Nacht und ihre beiden Freundinnen Gräten erster Ordnung; aber als ein guter Latsch, der man nun einmal ist, hat er die drei tanzwütigen Urlauberinnen hinunter auf diese Straße begleitet, die nächtens so laut und voller bunt blinkender Lichter ist wie eine überdimensionale Ausgabe des *Metropolis*-Flippers im *Rosi*. Und dort ist er ins gnadenlos mahlende Räderwerk des örtlichen Nachtlebens geraten, von einer Disco in die nächste, zuerst noch in Begleitung, dann aber hat sich die falsche Spanierin einen echten Spanier angelacht, und vor lauter Freude, sie endlich los zu sein, hat er mit Bourbon-Cola gefeiert, bis ihn auf einer Herrentoilette zwei dubiose Gestalten in einen entlegenen Winkel gedrängt haben, und er sich, die nackte Angst im Nacken, hat ein paar so komische Pulverln aufdrängen lassen, die sich zuerst auf die Blase und dann auf das motorische Zentrum geschlagen haben, und so hat er nicht anders gekonnt, als sich zum Deppenbeat der modernen Tanzmusik zu bewegen, bis es draußen schon taghell war. Auf dem Heimweg hat er dann zuerst die Orientierung und bald darauf das Bewußtsein verloren. Jedenfalls ist er vor einer halben Stunde unten am Strand in der immer noch prallen Sonne aufgewacht und will bis ans Ende seiner Tage nie mehr eine Disco von innen sehen.

„Und außerdem ist mir ziemlich schlecht", sagt der Trainer noch, dann wankt er aufs Klo. Und gleich darauf kotzt er wie ein Reiher.

Frau Ilse hat seinen Auftritt mit schreckensweiten Augen verfolgt und schüttelt nun stumm und betroffen den Kopf.

Der Doc wandte sich sehr bald schon schamvoll ab und täuscht die längste Zeit intensive Kopfarbeit vor.

Und mir wird das alles schön langsam zu viel.

Nicht nur entpuppt sich mein Urlaubstraum heute als Millionenbetrügerin i. R.; nein, jetzt wo er einmal wirklich gebraucht wird, wird der Trainer vom Helfer zum Pflegefall.

30

Und dann ist auch noch der Waschek tot.

Hockt mit einem Loch in der Stirn an seinem Schreibtisch und starrt mit leeren Augen an die Decke.

Ich bin damit absolut nicht einverstanden.

Nicht weil ich jetzt um ein Abendessen mit anschließendem Puffbesuch umfalle; das könnte ich verkraften. Aber daß immer ich die Drecksarbeit habe, während der Trainer rund um die Uhr das Tanzbein schwingt und sich dabei einen Sonnenstich zuzieht und der Doc den ganzen Tag in der schattigen Kühle meines Schlafzimmers sorglos sinnt und sinniert, das bringt mich schön langsam zur Weißglut.

Es ist 21 Uhr 37. Frau Ilse und ich haben vor zirka zehn Sekunden das Büro der *WW Enterprises*, ein Stockwerk über den Räumlichkeiten von *WW Rent-A-Car,* betreten und wissen ganz einfach nicht, wo uns der Kopf steht.

Soll Frau Ilse zuerst laut aufschreien und dann laut kreischend hinunter auf die Straße laufen? Soll ich meiner plötzlich ganzkörperlich einsetzenden Übelkeit nachgeben und bis zum Eintreffen von Ambulanz und Polizei ohnmächtig auf dem Spannteppich verbringen?

Oder sollen wir ganz etwas anderes machen? Zum Beispiel die unversperrte Bürotür wieder ganz leise hinter uns schließen und uns auf Katzenpfoten davonmachen in die Hitze der Nacht?

Oder aber sollen wir all unsere Kaltschnäuzigkeit zusammennehmen, so tun, als wäre der tote Waschek mit der Kugel im Kopf garnicht da, und zur Tagesordnung übergehen, indem wir das Erpresserschreiben aus dem Safe holen und draußen am Gang, wo der Kopierer steht, in aller Ruhe vervielfältigen?

Wir machen von allem ein bißchen.

Frau Ilse schreit kurz auf, bis ich ihr die Hand über den Mund lege. Mir schwinden kurz die Sinne, bis ich Frau Ilses stützenden Arm um meine Hüften spüre. Dann holen wir das Erpresser-Kuvert aus dem Safe und machen uns still und leise wieder davon.

„Das war der Walter", sagt Frau Ilse, als wir wieder auf der Straße sind. „Irgend jemand hat ihn umgebracht."

„Du warst es nicht", sage ich.

„Das mußte ja einmal so kommen", sagt Frau Ilse und schüttelt betrübt den Kopf.

31

Der Doc glaubt, uns mit Daten trösten zu können.

Aber Frau Ilse und ich brauchen jetzt dringend menschliche Anteilnahme. Oder den Zuspruch von *Carlos III*.

Wir sitzen mit dem Doktor vor seinem Computer im Schlafzimmer, während sich der Trainer einen Stock tiefer auf der ausziehbaren Bettbank in Fieberträumen wälzt, und geben ihm maximal zehn Minuten.

„Dann sind wir dahin", sage ich kategorisch.

Der Doc holt aus den Tiefen seiner Denkmaschine die Abschrift jenes Telefongesprächs hervor, das er heute nachmittag, während meiner Abwesenheit, mit der Firma *Victory Investments* in Regensburg geführt hat, nachdem die spanische Tochter im fünf Autominuten entfernten Los Christianos ein nur wenig aufschlußreiches Band laufen hatte.

„Ja, einen schönen guten Tag", zitiert der Doc sich selbst, heute nachmittag am Telefon. „Ich hätte gerne Herrn Brehm gesprochen."

„In welcher Angelegenheit?" fragte eine Vorzimmerstimme, die klang wie alle Vorzimmerstimmen dieser Welt.

„Ich hatte das Vergnügen, Ihren Herrn Brehm vergangenen Dezember auf Teneriffa kennenzulernen, und –"

„Momentchen, ich verbinde."

Dann Pause, dann eine andere weibliche Stimme.

„*Victory Investments,* List. Guten Taaag."

„Ja, wie bereits gesagt, ich würde gerne mit Ihrem Herrn Brehm, anknüpfend an unser sehr interessantes Gespräch auf Teneriffa im vergangenen Dezember –"

„Tut mir leid. Herr Brehm arbeitet nicht mehr für uns. Aber vielleicht kann ich Ihnen weiterhelfen?"

„Ich wüßte nicht, wie. Wissen Sie, Herr Brehm und ich hatten ein für mich so befruchtendes Gespräch in Las, wie hieß das gleich, in Las Galletas, richtig ... Ich bin Ogadenist, allerdings schon ein paar Jährchen in Ruhe, und dieses Gespräch mit dem Herrn Brehm, das tat einfach gut. Neue Anregungen, neue Impulse. Wer seine Arbeit liebt, ach was, Arbeit, seine Aufgabe liebt, der will am Ball bleiben, wie das schön heißt, nicht? Auch in der Rente. Einmal Ogadenist, immer Ogadenist, sag ich immer zu meiner Frau, der Elke, wenn sie an mir rumnörgelt, daß ich immer ..."

„Entschuldigen Sie, daß ich Sie unterbreche, aber Herr Brehm hat sich leider vor kurzem von unserer Firma getrennt. Ich kann Ihnen bedauerlicherweise auch nicht sagen, wo er sich zur Zeit aufhält. Sein Entschluß kam für uns völlig überraschend. Tut mir wirklich leid."

Der Doc läßt die Abschrift seines Telefongesprächs wieder in den Tiefen seiner Denkmaschine verschwinden, und wenige Augenblicke später taucht Mr. Spock auf dem Monitor auf.

Um den Bildschirm zu schonen, meint der Doc.

„Und was hat das mit dem Walter zu tun, außer daß ich weiß, daß er in der letzten Zeit mit diesen *Victory*-Leuten irgendwas zu tun gehabt hat", sagt Frau Ilse.

„Geschäftlich", ergänze ich.

„Jaja", sagt Frau Ilse, „Was denn sonst?"

Dann will sie eigentlich nix mehr wissen.

Und mir ist das, was ich weiß, schon längst zu viel.

Während der Doc anfängt, seinem Computer mitzuteilen, daß Walter Waschek am Abend des 10.1., und zwar um 21 Uhr 37, in seinem Büro erschossen aufgefunden wurde, sagt mir Frau Ilse ins Ohr, daß sie heute nacht auf keinen Fall allein schlafen möchte, in dem großen leeren Haus in den Bergen.

Und ich hab dafür, erstens, vollstes Verständnis und außerdem keine Lust, das Klappbett mit dem kotzenden, fiebernden Trainer zu teilen.

Wir sind uns also wieder einmal einig.

„Was ist das eigentlich, ein Ogadenist?" fragt Frau Ilse den Doc zum Abschied.

„Keine Ahnung", sagt er knapp und erzählt seinem Computer dann wahrscheinlich, daß Frau Ilse und ich uns nicht korrekt verhalten haben, bei der Auffindung von Waschekes Leiche.

Dabei war alles seine Idee.

32

Oben in der kühlen Stille des Waschek-Palasts angekommen, einigen wir uns rasch darauf, daß Frau Ilse nicht extra wegen mir eines der zirka zweihundert Gästezimmer herrichten muß.

Wir werden die Nacht auch in ihrem Lieblingsschlafzimmer so gestalten können, daß wir einander nicht auf die Zehen steigen. Schließlich ist man erwachsen, weiß sich zu benehmen, hat gelernt, Rücksicht zu nehmen und überhaupt.

„Irgendwie", kommen Frau Ilse und ich zu dem Schluß, als wir, jeder auf seiner Seite, unter den zarten seidenen Laken liegen, jeder sein Glas *Carlos III* am Nachtkastl, „irgendwie schauen wir ziemlich alt aus."

Und wenn man schon einmal bereit ist, den bitteren Tatsachen ins Auge zu sehen, dann dauert es nicht lang, vielleicht drei, vier Gläser vom milden *Carlos*, bis man auch die wahren Gründe erkennt.

Im Leben der Frau Ilse war es jener heiße Freitag vor 16 Jahren, an dem sie zum werbenden Walter in das Chevy-Coupé gestiegen ist; und bei mir wars mein erster Schultag, an dem mich meine Mutter ausgerechnet in die dritte Reihe, Wandseite, neben den Brehm-Bertl setzen mußte, weil er ihr so gut gefallen hat, der Bertl, in seinem blitzblauen Matrosenanzug, geschneuzt und gekammpelt und wie aus dem Schachterl.

Und so liegt man halt, grübelt und trinkt, sagt was, bis die Zunge schwer wird und einem die Augen zufallen.

Aber das menschliche Gehirn kennt, wie man weiß, keine geregelte Arbeitszeit, und Feierabend ist ihm ein Fremdwort, und daher stehe ich plötzlich am Grab des Walter Waschek, das kein Grab im landläufigen Sinn ist, sondern das Mausoleum des King in Graceland, und es sind hunderte, ja tausende Freunde und Bekannte gekommen, um Abschied zu nehmen „vom heimlichen Kaiser von Las Americas", wie der Bischof von St. Pölten, der für das Event eigens eingeflogen wurde, so treffend bemerkt. Unter den Trauergästen viele bekannte Gesichter: der alte Herr Hofstätter zum Beispiel; das Team Brunner und Skocik vom Wiener Sicherheitsbüro (das den Fall Watouschek seinerzeit bearbeitet hat); eine Abordnung prominenter Wiener Zuhälter, großteils bereits im Ruhestand oder steuerflüchtig; und der Brehm-Bertl in Begleitung von Sarah Resch, die mindestens einen Kopf größer ist als er und ihre naturblonden Locken unter einem Seidenturban verborgen hat. Als der mit einem goldenen Doppel-W verzierte Mahagony-Sarg schließlich in der Gruft versenkt wird, ertönt leise vom Band Waschecks Lieblingssänger: *I am from Austria*.

Die trauernde Witwe läßt sich nach Abnahme der Kondolenzbekundungen von mir zu ihrem Wagen bringen, einem sechstürigen, schwarzen Mercedes, in dem der ansonsten immer fröhliche *Oasis*-Barmann mit steinerner Miene und in Chauffeur-Uniform hinterm Steuer sitzt. Es ist viel Platz im Fond des Wagens, Platz für einen Kühlschrank und einen Farbfernseher und um seine Beine auszustrecken, und der Mercedes wird immer geräumiger, je länger die Fahrt dauert. Frau Ilse trägt zum Kleinen Schwarzen schwarze Stöckelschuhe, schwarze Seidenstrümpfe, einen schwarzen Strumpfbandgürtel, aber kein schwarzes Höschen, sondern gar keines, und ich sehe das, und noch viel mehr, nicht nur in natura, sondern auch auf dem Bildschirm des Bordfernsehers, der live überträgt, was sich auf dem zur Liegewiese angewachsenen Rücksitz zuträgt. Zu den eindrucksvollen

Bildern, die von der Kameraführung an einschlägige Madonna-Videos erinnern, gibt es Klaviermusik von Fats Waller in ausgezeichneter Tonqualität. Doch plötzlich läßt der Sound zu wünschen übrig, grammelt, wie man so sagt, und auf dem Monitor machen sich Bildstörungen breit, ein unruhiges Flackern zuerst und dann ein Flimmern wie seinerzeit nach Sendeschluß.

Ich schlage die Augen auf, und die Sonne fährt mir unbarmherzig in die Optik, aber der Schmerz wird gelindert durch Frau Ilse, die unter meiner Decke, im Verborgenen, mit den physischen Auswirkungen unserer Traumfahrt auf meine Lendenpartie beschäftigt ist.

Doch mitten hinein in diese morgendlichen Freuden schlägt der Türgong. Drei Mal.

„Nein, doch nicht jetzt", protestiert Frau Ilse, taucht unter dem seidenen Bettuch auf und wischt sich mit dem Handrücken über die schmollenden Lippen.

„Ich schick ihn wieder weg", meint sie. Dann klettert sie aus dem Bett.

„Und du bleib so, wie du bist", sagt sie und schlüpft in den reinseidenen Morgenmantel.

„Bin gleich wieder da."

Mit diesem Versprechen huscht sie aus dem Zimmer.

Ich steige aus dem Bett, gehe ans Fenster, und schlagartig ist es vorbei mit meiner Hochstimmung. Unten, in der herrschaftlichen Einfahrt des Waschek-Heims, parkt ein mir nur zu gut bekanntes, ziviles Ermittlungsfahrzeug.

Und gleich drauf höre ich durch die angelehnte Schlafzimmertür, wie Gomez und Alvarez der Dame des Hauses einen guten Morgen wünschen, von ihr in den Salon gebeten werden, und ohne sich lang mit Unverbindlichkeiten aufzuhalten, zum tragischen Grund ihres Besuchs kommen.

Das Gespräch findet in ihrer Landessprache statt, und ich versteh die Worte nicht, aber was sind schon Worte? Ich hab selbst gesehen, worum es geht, ich weiß Bescheid.

Beeindruckend, wie Frau Ilse, die ja mindestens so gut Bescheid weiß wie ich, zuerst stumm den Ausführungen der Ermittlungszwillinge lauscht, dann mit tonloser Stimme ein paar Fragen stellt, um schließlich leise zu schluchzen. Gomez oder Alvarez bringt ihr ein Glas Wasser aus der Küche, Frau Ilse stellt das Schluchzen wieder ein, noch ein paar Sätze von Gomez, ein paar Sätze von Alvarez, und dann bringt die von der morgendlichen Hiobsbotschaft geschockte Witwe die beiden Polizisten an die Tür.

Gomez wirft den Motor an, und das zivile Ermittlungsfahrzeug rollt über den knirschenden Kies hinaus zur Straße.

Da ist Frau Ilse aber schon längst wieder heroben im Schlafzimmer, sitzt neben mir auf der Bettkante und zündet sich eine Zigarette an.

„Stell dir vor", sagt sie, und ihre Hände zittern noch leicht von den Anstrengungen des vorangegangen Auftritts. „Die Hammeln haben den Manuel verhaftet. Oder vorläufig festgenommen."

Ich kenne den Manuel nicht, also frage ich nach.

Ich kenne den Manuel natürlich schon, allerdings kannte ich bis jetzt nicht seinen Namen. Der Manuel, das ist der immer fröhliche Barmann am *Oasis*-Pool, der jetzt plötzlich unter Mordverdacht steht, weil er gestern abend, gegen halb neun, beim Betreten des *WW*-Betriebsgebäudes gesehen wurde. Ein halbes Dutzend Augenzeugen hat beobachtet, wie er den Tatort durch die Hintertür betreten und etwa zehn Minuten später wieder – schnellen Schrittes – verlassen hat.

Was die Augenzeugen und die Krimineser nicht wissen konnten ist, daß der Manuel jeden Tag, außer Montag, weil da hat er frei, so gegen halb neun das WW-Gebäude durch die Hintertür betritt, da er seinem Chef nach Bade- und Geschäftsschluß die Tageslosung vorbeibringt, um danach – schnellen Schrittes – seinem wohlverdienten Feierabend im Kreise der Familie zuzustreben.

Natürlich hat der Manuel beteuert, der Waschek sei noch am Leben gewesen, als er das Büro verlassen hat, aber das hat ihm nix genutzt. Denn nach Manuels Abgang wurde rund ums Waschek-Hauptquartier nichts mehr Verdächtiges gesehen oder gehört, kein Kommen und Gehen, kein Schuß, kein Schrei, kein Garnix.

Erst heute früh, gegen halb sieben, hat dann die Putzfrau den Waschek gefunden. Mit einem Loch im Kopf, das von einer Pistolenkugel herrührt. Und bereits seit Stunden tot.

Dr. Sanchez, der die Leiche am Tatort untersucht hat, meint vage, der Tod sei zwischen 19 und 23 Uhr eingetreten.

Ich meine, es muß nach halb neun und vor 21 Uhr 37 gewesen sein.

Und Frau Ilse meint, daß sie für den armen Manuel ihre Hand ins Feuer legt, nicht aber für den Herbert.

Und das erste Mal in 40 Jahren muß ich für den Brehm-Bertl sprechen, indem ich sage:

„Der Bertl ist zwar eine Krätzen, aber er ist kein Mörder. Und warum sollte er die Sau schlachten, die er melken will?"

„Kuh", sagt Frau Ilse.

„Richtig", sage ich.

Dann macht uns Frau Ilse einen starken Kaffee, weil man danach besser denken kann.

33

Eigentlich hab ich keine wirklich große Lust, so rasch in meinen Bungalow zurückzukehren.

Aber der Doc ruft an, weil mit der Arbeit, die ich ihm mache, seine Kapazitäten eigentlich erschöpft sind, und ich mich gefälligst um den Trainer kümmern soll.

Ich sage dem Doc, daß Schlaf sicherlich auch bei einem Sonnenstich die beste Medizin ist, und er das dem Trainer von mir bestellen soll.

„Der Mann braucht was Fiebersenkendes“, läßt aber der Doc nicht locker.

„Dann mach ihm einfach Essigpatscherln“, verrate ich ihm ein altes Hausmittel.

Und weil er sich auch damit nicht zufrieden gibt, sondern, im Gegenteil, in den Hörer schnaubt, er könne ja auch auf der Stelle abreisen und mich mit meinen ganzen Sorgen, Leichen und dem Trainer allein lassen, lenke ich ein und verspreche, mein Möglichstes zu tun.

„Aber ein, zwei Stunden wirds schon noch dauern“, sage ich.

Und weil der Doc für wirklich alles und jedes eine Begründung haben will, verlege ich den Auftritt von Gomez und Alvarez ganz einfach um ein, zwei Stunden nach hinten.

„Sie haben jetzt, vor ein paar Minuten, angerufen und ihr Kommen angekündigt“, stelle ich den Terminplan der beiden Ermittler ein bißchen um, „und weil ein solches Gespräch für die Frau Ilse kein Honiglecken ist, werd ich natürlich bei ihr bleiben.“

„Natürlich, natürlich“, sagt der Doc, „Warum hast du das nicht gleich gesagt?“

Da habe ich an die zwei Portionen Kalbsgulasch mit Nockerln (selbstgemacht) gedacht, die Frau Ilse im Tiefkühler hat und für uns in der Mikrowelle warm machen will; und daran, daß mir vor oder nach dem Essen eine Stunde der inneren Sammlung, zum Beispiel im Jakuzzi, garantiert nicht schaden würde.

„Aber Obacht“, drängt sich die Stimme des Doc in meine Überlegungen. Und er betet herunter, was Frau Ilse gegenüber der Behörde keinesfalls erwähnen darf, also den Bertl, seinen Brief, und daß dieser Brief von uns aus dem Safe geholt wurde, als die Leiche quasi noch warm war.

Und mir legt der Doc nahe, einer direkten Konfrontation mit Gomez und Alvarez aus dem Wege zu gehen, weil es keinen schlanken Fuß macht, innerhalb einer Woche namentlich in zwei Mordfällen aufzuscheinen. Das könnte die Ermittler auf falsche Gedanken, voreilige Schlüsse und vielleicht gar auf die Idee bringen, mich zu verdächtigen.

„Und zu verhaften“, spinne ich die Überlegungen des Doktors fort.

„Auch das ist nicht auszuschließen“, meint er. „Also ziehe dich auf die Position des stillen Beobachters zurück und schreite nur dann ein, wenn Frau Ilse ins Trudeln gerät und dabei ist, einen nicht wiedergutzumachenden Fehler zu begehen.“

Ich schlage dem Doc vor, daß ich das Gespräch zum Beispiel von einem der vielen Nebenräume aus belauschen könnte, sagen wir durch die angelehnte Tür.

„Sehr gut. Tu das“, sagt er. „Und dann komm.“

34

Es ist gar nicht so leicht, was Fiebersenkendes aufzutreiben.

Die Apotheker der Umgebung halten Siesta, und so rät mir Frau Ilse, bis vier zu warten. Dann könnte sie mich mit dem Wagen nach Los Christianos bringen. Und während ich dem Trainer seine Medizin besorge, macht sie einen Sprung zum Doktor Rössler, dem Familienanwalt. Denn das Leben geht schließlich weiter, und auch wenn das Waschek-Imperium seinen Herrscher verloren hat, bleibt es ein Imperium, das mit fester Hand regiert werden will, zum Wohle aller.

Da will ich mich garnicht einmischen. Erbschaftsangelegenheiten. Das geht mich nix an.

Und so trennen sich unsere Wege, und wir verabreden uns für sechs in dem Strandcafé mit den knallroten Plastiksesseln und den weißen Sonnenschirmen. *Café Apfelstrudel*, ein Mitglied der Waschek-Gruppe, aber mehr was für Senioren.

Los Christianos ist ein freundliches Städtchen mit einem richtigen kleinen Hafen, und nachdem ich die Arznei für den Trainer besorgt habe und noch Zeit bleibt, flaniere ich so durch die Straßen und über die Uferpromenade, um mich an eventuellen Sehenswürdigkeiten zu erfreuen, an einem Kinderlachen oder den vielen sorglosen Urlaubergesichtern.

Und dann sehe ich Sarah.

In einem Straßencafé, mit einem ernst dreinblickenden älteren Herren ins Gespräch vertieft.

Sie sieht nicht ganz so vorteilhaft aus, wie ich sie in Erinnerung hatte. Das Gesicht verschwollen, als hätte sie drei Tage und Nächte geheult. Und ihren linken Arm trägt sie in Gips.

Das war der Bertl.

Fällt mir ein. Und dann natürlich noch ein ganzer Haufen Dinge und Fragen, aber die sind alle zu sehr in Unordnung, als daß es Sinn hätte, sie hier wiederzugeben.

Sozusagen an der Grenze meiner Belastbarkeit angelangt – und nur so läßt sich meine Vorgangsweise erklären –, stürze ich an ihren Tisch, packe sie an ihrem bis zum Ellenbogen eingegipsten Arm und sage dann irgendwas, das in Sarahs Schmerzensschrei untergeht.

Der ältere Herr an ihrer Seite starrt mich fassungslos an. Dann will er sich, schätze ich, auf mich stürzen, um Sarah vor weiteren Übergriffen eines Unholdes zu schützen.

„Bleib sitzen! Das geht dich nix an!" sage ich so laut, daß er sich gleich wieder hinsetzt.

„Kurtl", sagt Sarah, „Bist narrisch?"

Diese Frage will und kann ich im Augenblick nicht beantworten. Und überhaupt ist es jetzt eindeutig an ihr, Rede und Antwort zu stehen. Daher packe ich sie an ihrem gesunden Arm und ziehe sie mit mir aus dem Lokal hinaus auf die Promenade. Da ihr älterer Begleiter keinen Frieden gibt und schon wieder aufsteht, bleibe ich kurz noch einmal stehen, um die Situation ein für alle Mal klarzustellen.

„Das Fräulein und ich haben was zu besprechen. Kapiert?“

Er schaut immer noch fassungslos.

„Und das wird eventuell ein bißl dauern“, füge ich hinzu, weil in meinem Kopf weitere Fragen nachdrängen, und ziemlich ungeordnet, aber vehement nach Antwort schreien.

„Er versteht dich doch nicht“, mischt sich Sarah ein, und übersetzt dem älteren Herren dann wahrscheinlich meine Worte, denn er nickt ihr stumm zu und hockt sich brav wieder zu seinem Kaffee.

„So“, sage ich, als wir auf der Uferpromenade endlich ungestört sind. „Ich tät jetzt wahnsinnig gern wahnsinnig schnell von dir wissen, was da eigentlich gespielt wird, vom Bertl und dir!“

„Vergiß den Bertl“, sagt Sarah.

„Das versuch ich seit 40 Jahren“, sage ich.

„Und außerdem hat die ganze Scheiße mit der Scheiße zwischen dir und dem Bertl überhaupt nix zu tun“, sagt sie.

Jetzt sehe ich an dem dunklen Nachwuchs an ihrem Scheitel erstmals, daß Sarah gar nicht so naturblond ist, wie ich immer dachte.

Und ich schwöre mir, den nächsten Jahreswechsel nicht im *Rosi* zu feiern. Das dort gebotenene Silvesterprogramm schlägt sich anscheinend nachhaltig auf die Wahrnehmung.

„Jetzt einmal schön langsam“, sage ich zu Sarah, aber auch und zu mir selbst. „Wir sind doch gemeinsam hierher geflogen, oder seh ich das falsch?“

„Sicher.“

„Also was? Ja oder Nein?“

„Klar sind wir hergeflogen, weil die Andrea im letzten Moment abgesprungen ist.“

„Welche Andrea?“ will ich wissen, weil ich mich nur an eine Bärbel erinnern kann, die es laut Trainer & Trash zwar gibt, aber keine Freundin namens Sarah hat und überhaupt lieber nach Feuerland auswandern würde.

„Eine Freundin von mir. Aber die kennst du eh nicht", sagt Sarah.

„Ist das zufällig die mit der eitrigen Angina?" stoße ich nach.

„Gewonnen", sagt Sarah, aber ich finde das alles nicht so lustig.

„Nur, wie du dich vielleicht noch dunkel erinnern kannst, hat nicht die Andrea Angina gekriegt, sondern ihr Zwergel, und sie wollt den Kleinen mit 39,5 nicht bei ihrer Mutter lassen. Das könnt ich auch nicht, hast du sogar selber zu mir gesagt, einen 2jährigen Gschrappen mit so hohem Fieber bei der Großmutter abgeben und dann entspannt in den Urlaub fliegen."

Bärbel und *Zwergel*.

Ein gewisser Gleichklang ist da zwar nicht zu leugnen, trotzdem schwöre ich mir, *nie wieder* bei der *Rosi* Silvester zu feiern.

„Alles klar", sage ich wie sonst nur der Trainer, wenn er nicht mehr so recht weiter weiß.

„Aber trotzdem tät ich gern wissen, wieso du fünf Tag lang verschwunden warst, und jetzt da seelenruhig im Kaffeehaus sitzt, mit einem Wildfremden, einer Gipshand und dem verschwollenen Gsicht!"

„Frag den Bertl", sagt Sarah.

35

Ich möchte an dieser Stelle mein Gedächtnisprotokoll dieser doch etwas hitzig und unkontrolliert geführten Unterredung unterbrechen und Sie, werte und aufmerksame Leserschaft, dazu einladen, das in vielen Punkten aufschlußreichere und präzisere Transkript jenes Gesprächs zu studieren, das Dr. Trash mit Sarah Resch nur wenige Stunden später geführt hat:

TRASH: Frau Resch! Unser gemeinsamer Freund Kurt ...

RESCH: Sarah, bitte. Das Frau Resch klingt so blöd. Das ist so förmlich. Wie sind ja nicht auf der Polizei.

TRASH: Dort, meine Liebe, befleißigt man sich eines ganz anderen Umgangstones, aber bitte, wie Sie wünschen: Sarah! Freund Kurt sagt, Sie sprechen fließend spanisch. Wie und wo haben Sie sich diese Fähigkeit angeeignet?

RESCH: Von der Oma, und dann in der Schule ...

TRASH: Name?

RESCH: Astgasse. Dann, ab der Dritten, glaub ich, Maroltingergasse, dann das Jahr am Henriettenplatz ...

TRASH: Meine Frage galt nicht so sehr Ihrer offensichtlich ziemlich bewegten Schulkarriere, sondern Ihrer Großmutter.

RESCH: Achso. Die Oma heißt so wie ich. Auch Sarah.

TRASH: Sarah Resch.

RESCH: Ja. Aber wenn wir so weitermachen, sitzen wir da bis zum Sankt Nimmerleinstag. Ich bin eigentlich müde und ich hab Kopfweh.

TRASH: Trotzdem: Was wollten Sie uns über Ihre Großmutter erzählen?

RESCH: Nix. Weil was hat die Oma mit dem Bertl zu tun, bitte? Die Oma ist 87 und regt sich eh immer gleich so auf, wenn irgendwas ist mit mir. Aber sonst ist sie super. Sie war früher sogar Missionarin. Vor dem Krieg. In Ecuador und in Peru, und sie hat in den Anden für ein evangelisches Hilfswerk gearbeitet und Schulen für die Indiokinder aufgebaut. Sie hat darüber sogar ein Buch geschrieben, später. Die Oma ist wirklich super. Aber als Lehrerin möcht ich sie nicht gehabt haben. Mir hat schon gereicht, wie sie daheim das Regiment geführt hat.

TRASH: Dem entnehme ich, daß Sie bei Ihrer Großmutter aufgewachsen sind.

RESCH: In Rodaun. Nachdem meine Eltern nicht mehr gelebt haben. Die sind verunglückt, da war ich 11. Ein Tankwagen ist auf der Autobahn bei Wöllersdorf umgekippt und hat Feuer gefangen, und der Papa ist ihm hineingekracht. Sie sind in unserem Auto verbrannt. Das war drei Tage vor meinem Geburtstag.

TRASH: Wenden wir uns den gegenwärtigen Vorkommnissen zu, und somit Herrn Herbert Brehm. Wann und wo haben Sie dessen Bekanntschaft gemacht?

RESCH: Das ist schon länger her. Das war in Caracas, in Venezuela, vor gut zweieinhalb Jahren. Ich war dort Au-Pair-Mädchen bei einer Familie mit drei furchtbaren Fratzen. Die haben mich bis aufs Blut sekkiert. Überhaupt der älteste, der Miguel, der war grad in so einem blöden Alter ...

TRASH: Und Herr Brehm?

RESCH: Der war nett. Irgendwie ein Freund der Familie. Aber wie er gesehen hat, was ich mit den Rabenbratln mitmache, hat er sich drum bemüht, für mich einen anderen Au-Pair-Platz zu finden. Hat aber leider nicht geklappt.

TRASH: Aber man blieb weiter in Kontakt?

RESCH: Der Bertl hat dann seinen Job aufgegeben und ist über Mexiko und die USA zurück nach Österreich. Ich war dann ein halbes Jahr Au-Pair in Barcelona. Und wie ich dann wieder in Wien war, hat er sporadisch geschrieben. Und ich hab sporadisch zurückgeschrieben. Nach Salzburg und dann nach Linz. Ich mein, da war nix zwischen dem Bertl und mir. Das war einfach eine lockere Freundschaft. Wahrscheinlich hab ich ihm gefallen. Möglich. Aber er, als Mann, hat mich überhaupt nicht interessiert. Nicht mein Typ, der Bertl. Und jetzt schon garnimmer.

TRASH: Und trotzdem haben Sie sich von ihm zu diesem Teneriffa-Urlaub einladen lassen.

RESCH: Blödsinn! Kein Mensch hat mich eingeladen! Das hab ich mir alles selber gezahlt!

Aber der Bertl war kurz vor Weihnachten ein paar Tage in Wien, zu Besuch bei seiner Mutter, und da haben wir uns getroffen. Wir waren Abendessen. Beim *Smutny*. Da war er total gut drauf, und tausend Pläne, und hat mir erzählt, daß er für eine deutsche Firma auf Teneriffa arbeitet, sich aber in den nächsten Wochen selbständig machen wird. Als er gehört hat, daß die Andrea, also meine Freundin, und ich eine Woche Teneriffa gebucht haben, für nach Neujahr, war er ganz aus dem Häuschen, und daß wir uns da unbedingt treffen müssen, und wenn sich die Dinge weiter so gut entwickeln, dann hätte er für mich einen Superjob in seiner Firma, weil er braucht eh eine Organisationsleiterin, die perfekt Spanisch kann. Aber die Sache sei noch top secret. Also kein Wort zu niemandem.

Naja, hab ich mir gedacht, vielleicht wird das was, und du kommst raus aus dem scheußlichen Wien. Weil ich wollt immer schon in den Süden. Nicht nur auf Urlaub. Für länger. Oder immer.

TRASH: Ein Wunsch, den ich nicht zu teilen vermag. Aber das nur nebenbei. Und so flogen Sie also, zwar nicht in Begleitung Ihrer Freundin Andrea, jedoch in der unseres guten Freundes Kurt ...

RESCH: Neinein. Da war noch das Manderl.

TRASH: Würden Sie das, bitte, etwas präzisieren?

RESCH: Na, so ein Indio-Manderl. Eine Figur. Sauschwer. Irgendein Regengott, oder sowas.

TRASH: Tlaloc, würde ich vermuten.

RESCH: Keine Ahnung. Jedenfalls: der Bertl hat mich zu Weihnachten angerufen, aus Teneriffa, und ein Frohes Fest gewunschen und so, und mich gebeten, ihm aus Wien was mitzubringen. Seinen Glücksbringer, hat er gesagt, den er jetzt, wo hier alles so wunderbar läuft, unbedingt bei sich haben muß. Also hab ich ihm den Gefallen getan, und das Manderl von seiner Mutter abgeholt und hierher geschleppt.

TRASH: Ohne über dessen Inhalt Bescheid zu wissen?

RESCH: Was für einen Inhalt? Da war kein Inhalt. Das war einfach ein Manderl. Und wenns den Bertl glücklich macht, hab ich mir gedacht ...

TRASH: Sie sind dann aber, am Vormittag des 5.1., ohne diese für ihn so wichtige Statue zu Ihrem Treffen mit Herrn Brehm aufgebrochen?

RESCH: Weil er am Telefon gesagt hat, er kann sie momentan nicht brauchen. Aber ich soll zu ihm nach Orotava kommen, es wäre wichtig.

TRASH: Wo haben Sie ihn dann getroffen?

RESCH:In einem Kaffeehaus. Der Bertl war ziemlich nervös. Und wie ich ihm das von der Andrea erzählt hab, und daß ich jetzt mit dem Kurtl unterwegs bin, ist er total verfallen.

TRASH: Sie meinen, er war über die Erwähnung des Namens Ostbahn nicht wirklich erfreut?

RESCH: Na, was heißt. Er war fix und fertig. Und er hat gejammert, daß er dem Kurtl die größten Rückschläge seines Lebens verdankt und daß das kein gutes Omen ist und sein Projekt gefährdet, das ohnehin in einer kritischen Phase steckt. Dann hat er mich gebeten, ihn zu einer Besichtigung zu begleiten, ins Orotava-Tal, den Gefallen sei ich ihm schuldig.

TRASH: Um welches Projekt es sich handelt, hat Herr Brehm nicht erwähnt?

RESCH: Der hat garnix erwähnt. Der hat immer nur gejammert. Wegen dem Kurtl. Und überhaupt. Aber daß da was nicht gut läuft für ihn, hab ich mir schon gedacht, wie ich sein Auto gesehen hab. Das war bis unters Dach angeräumt mit seinem ganzen Klumpert, so als wär er grad beim Übersiedeln. Dabei hat er mir bei dem Telefonat zu Weihnachten noch erzählt, daß er ein super Haus gefunden hat, direkt am Meer, wo er sich im Erdgeschoß gerade sein Büro einrichten läßt, und wo er im ersten Stock fünf Zimmer hat. Er hat mir auch die Telefonnummer gegeben, und ich hab ihn dort ja auch angerufen, in der Früh, vom Bungalow aus. Komisch, hab ich mir gedacht. Aber noch viel komischer war dann diese Besichtigung. Und diese drei Typen. Also die zwei Typen und diese Frau.

TRASH: Was wurde dann da besichtigt, und zu welchem Zweck?

RESCH: Keine Ahnung. Das war eine Baustelle. Der Rohbau von einer riesigen Villa. Oben am Berg, mit einem super Blick aufs Meer. Aber daß da irgendwas link ist, hab ich mir gleich gedacht, als der Bertl zu mir gesagt hat, ich soll mich mit seinen zukünftigen Partnern ein bißl abseits halten und charmant sein und ein bißl mit dem Popsch wackeln, wenns sein muß, während er das Gittertor aufmacht. Ich hab noch zu ihm gesagt, ich bin nicht vom Escort-Service, und er soll sich eine andere Tussi suchen, aber da waren wir schon da, und die drei angeblichen Partner haben schon gewartet und mit den Hufen gescharrt. Der Bertl hat das Vorhängeschloß am Tor dann tatsächlich mit einer Zange aufgezwickt, während ich mit den zwei Deutschen und der Russin übers Wetter geredet hab, über den Scheißsturm, den Calima.

Und dann sind wir rein, auf die Baustelle, und ich weiß auch nicht, wie es genau passiert ist, jedenfalls hat das Stiegengeländer plötzlich nachgegeben, und ich bin runtergeflogen, eh nicht hoch, vielleicht eineinhalb Meter, aber es hat sich trotzdem ausgezahlt.

TRASH: Wäre es möglich, daß Sie gestoßen wurden?

RESCH: Nein. Ich war ganz allein da oben. Der Bertl und seine Partner haben unten in der zukünftigen Garage einstweilen über irgendwelche Vorverträge gestritten.

Und wie ich wieder zu mir komm, lieg ich in La Laguna im Spital, die Hand im Gips und mit einer schweren Gehirnerschütterung. Zwei Mal war der Bertl da, kurz zu Besuch, und hat gesagt, daß er sich um alles kümmert. Daß er dem Kurtl meinen Mietwagen zukommen lassen wird und daß er mir meine Sachen bringt und sich bei der Gelegenheit auch gleich seinen Glücksbringer abholt.

Beim zweiten Besuch hat er dann mein ganzes Gepäck angeschleppt, weil er nicht gewußt hat, was ich tatsächlich brauche oder nicht, und einen Blumenstrauß vom Kurtl, und hat mir erzählt, daß der Kurtl mich grüßen läßt, aber dermaßen bedient ist, alkoholtechnisch, daß man mit ihm absolut nix anfangen kann. Und sein Besuch bei mir im Spital wär nur eine peinliche Angelegenheit, weil sie ihn zur Ausnüchterung womöglich gleich dabehalten.

Seit dem Tag hab ich nix mehr vom Bertl gehört. Und ich bin im Bett gelegen, zur Beobachtung, bis heute vormittag. Da war dann der Doktor Ramirez, den der Kurtl heute in Los Christianos so bös angefahren hat, so nett, mich im Auto mitzunehmen. Wir haben aus der Apotheke noch was Schmerzstillendes geholt, waren auf einen Kaffee, und dann hätte er mich hergebracht. Aber jetzt bin ich auch so wieder da.

TRASH: Sehr schön.

RESCH: Naja. Ich weiß nicht. Ich hab mir den Urlaub eigentlich ein bißl anders vorgestellt. Und außerdem: Wo soll ich da in der Wirtschaft schlafen?

TRASH: Mhm. Sieht garnicht gut aus.

36

Frau Ilse sitzt am Schreibtisch ihres Verblichenen, trägt eine Brille, die ihr die aparte Strenge einer leitenden Bankangestellten verleiht, und ist mit der Sichtung des Waschek-Imperiums befaßt.

„Sie ist wieder da", sage ich, nachdem Frau Ilse meinen Gruß nur mit einem abwesenden Kopfnicken quittiert hat.

„Wer?"

„Die Sarah, du weißt schon."

„Schön für dich", sagt Frau Ilse und sieht mich anklagend an.

Natürlich ist sie sauer, weil ich sie im *Café Apfelstrudel* versetzt habe, natürlich tut mir das ganz schrecklich leid; aber natürlich muß sie auch meine Seite verstehen: Sarahs Auftauchen brachte Licht ins Dunkel der Bertlschen

Machenschaften, und von den Enthüllungen der so lang Verschollen würde letztlich auch Frau Ilse profitieren.

„Wir haben eine Spur", sage ich. „Was heißt eine Spur. Der Bertl ist so gut wie umzingelt."

„Und was hilft mir das?" sagt Frau Ilse.

„Du sparst dir zwei Millionen. Ist das nix?"

„Ich würd mir zwei Millionen sparen, wenn ich sie hätte", sagt Frau Ilse und nimmt dann ihre Brille ab. „Aber es sind keine zwei Millionen da. Nicht mehr. Denn der Walter hat in den letzten Wochen so gut wie alle Rücklagen, die wir hatten, in ein Projekt gesteckt, an dem mir alles, aber auch wirklich alles schleierhaft ist."

Jetzt setze ich mich nieder.

Eine todsichere Sache, fällt mir dazu nur ein. Und der Waschek, wie er raunt: Aber noch top secret.

Ja, und der Bertl soll zu Sarah ganz ähnlich gesprochen haben.

„Und du hast wirklich keine Ahnung, um was es dabei gehen könnt?" sage ich.

Frau Ilse schiebt mir eine blaue Flügelmappe über den Schreibtisch. Darauf hat jemand, der Waschek wahrscheinlich, mit schwarzem Filzstift geschrieben:

Aphrodite Resort.

Ich klappe die Mappe auf, aber da gibt es nichts, das uns wirklich weiterbringt. Nur ein paar Schmierzetteln mit Zahlen und Strichmännchen, wie sie Leute zeichnen, wenn sie nervös sind beim Telefonieren.

Aber eigentlich, denke ich mir, will ich gar nicht wissen, wo der Waschek so viel Geld angelegt hat, daß jetzt nicht mehr genug im Sparstrumpf ist, um den Erpresser zu bezahlen. Und eigentlich bin ich nicht zuständig für irgendwelche dubiosen Investitionsgeschäfte, Grundstücksspekulationen oder Immobilienschachereien. Und wenn sich zum Bertl und zum Waschek auch noch Firmen aus Regensburg, Interessentinnen aus Rußland und potentielle Partner aus der internationalen Unterwelt gesellen, dann sollen sich gefälligst Gomez und Alvarez drum kümmern, und wenn sie damit überfordert sind, dann muß halt die Interpol her und das CIA, FBI, KGB, BBC, RTL.

Ich für meinen Teil werd morgen mit Sarah auf die Wachstube gehen, sie wird erzählen, daß sie beim Bergsteigen das unzureichende Schuhwerk dabeigehabt hat, daß sie daher prompt auch gefallen ist, mit einer Gehirnerschütterung im Spital war und den Schlüsselbund beim Unfall verloren hat.

So wird das gewesen sein. Ganz einfach.

Und was den Bertl angeht, so hab ich da schon eine Idee. Aber wenn er bis zum 13. nicht bei Frau Ilse inkassieren kommt, dann kann ich ihm auch nicht helfen. Dann kriegt er seine Watschen halt beim nächsten Mal. Nicht auf Teneriffa. Denn am 13. flieg ich. Da bin ich dahin. Und da fährt die Eisenbahn drüber.

„Vielleicht wärst du so freundlich, mich in deine tiefschürfenden Überlegungen einzuweihen", sagt Frau Ilse.

Ich sitze immer noch da, und schau mir Waschecks Strichmännchen an.

„Tschuldige", sage ich. „War nix von Bedeutung."

Dann sage ich, daß wir heute um 9 ein Arbeitsessen haben, die komplette Mannschaft, und daß es nicht nur wichtig, sondern auch schön wäre, sie dabei zu haben.

„Ich werd sehen, ob ichs schaffe", sagt Frau Ilse.

„*Paradise Steakhouse*. Du schaffst das schon", sage ich und stehe auf.

Meine Überlegungen hinsichtlich der zirka 200 Gästezimmer, die im Waschek-Palast leerstehen, und dem akuten Platzmangel im *Oasis*-Bungalow behalte ich einstweilen lieber für mich.

37

Für den Außenstehenden sind wir eine Urlaubergruppe wie viele andere: Ein glühender Sonnenanbeter (der Trainer), ein Mietmofa-Unfall (Sarah), ein Sonnenalergiker (Dr. Trash), sowie, mit Frau Ilse und mir, zwei gesunde, vernünftige und maßvolle Menschen in mittleren Jahren.

Was uns für den Beobachter von außen jedoch von den vielen anderen deutlich unterscheidet: An unserem Tisch wird nicht laut gelacht, gegrölt und gekleckst, was als Beweis dafür gelten kann, daß – allen Unkenrufen zum Trotz – die gute Kinderstube noch nicht ganz ausgestorben ist.

Richtig zivilisierte, gepflegte Menschen also, die sich zu benehmen wissen, auch im Urlaub, und miteinander die hohe Kunst der gehobenen Eß- und Sprechkultur pflegen.

„Und du bist wirklich so ein Nachtschattengewächs, wie der Kurtl immer sagt?" wendet sich zum Beispiel Sarah an den Doc.

„Wie bitte?" sagt dieser. „Ich versteh ihre Frage nicht ganz."

„Na, weil du die ganze Nacht am Computer hockst und nie aus dem Haus gehst."

„Jeder geht seinen Weg", meint der Doc darauf reserviert. „Ich gehe meinen, und Sie den Ihren."

„Und der Weg ist das Ziel", mischt sich der Trainer ein. Er ist noch nicht ganz auf der Höhe.

Aber zumindest Sarah kichert.

Auf dem Weg in unser Stammlokal nahm mich der Doc beiseite, um mir, ganz im Vertrauen, zu versichern, daß er Sarah von jedweder Schuld an den Komplikationen der letzten Tage freisprechen würde.

„Dieses durchaus attraktive Fräulein", raunte er mir ins Ohr, „verfügt über das geistige Charisma einer Barbie-Puppe, und solche Menschen wollen anderen nichts Böses."

Freilich war ich ein bißchen gekränkt. Aber ich war auch

ziemlich erleichtert. Meine Calima-Phantasien hatten Sarah bis ins Zentrum einer nuklearen Weltverschwörung gerückt. Und zumindest diesen Streß bin ich jetzt los.

„Aber ein paar Antworten ist sie uns noch schuldig", sagte ich zum Doc, „und zwar deshalb, weil du ihr nicht die entsprechenden Fragen gestellt hast."

Aber der Doc lächelte nur milde.

„Genau das soll die Aufgabe dieses gemeinsamen Abends sein."

„Verstehe", sagte ich.

Und jetzt ist es soweit.

Larry klimpert im Hintergrund einen Strauß bunter Melodien aus *My Fair Lady*, das Filetsteak vom (argentinischen) Rind war vom Feinsten, und das Essen der anderen auch, sonst hätten sie nicht alles so brav weggeputzt, aber jetzt holt der Doc seine Aufzeichnungen hervor und stellt nach einer kurzen Zusammenfassung der jüngsten Ereignisse den Fragenkatalog vor, der das eigentliche Thema dieses Abends ist.

Wie kam die unbekannte Tote aus den Bergen zu Sarahs Schlüsselbund?

Wie kam die Banane in Sarahs Mietwagen?

Wer ist die Besitzerin dieser Banane, und in welchem Verhältnis steht oder stand sie zu *Victory Investments* und *WW Enterprises*?

Wo ist Herbert Brehm?

Wo ist Tlaloc, der aztekische Regengott?

Wer sind Bertls deutsch-russische Partner im *Orotava-Projekt*?

Wer erschoß Walter Waschek?

Wer kennt das Geheimnis von *Aphrodite Resort*?

Wann schlägt der Waschek-Erpresser wieder zu?

Fragen über Fragen.

Und eine Fülle von Hinweisen, die aber alle einer genaueren Überprüfung nicht standhalten.

Und wieder einmal liegt es an mir, den Abend zu retten,

indem ich eine Flasche *Carlos III* (auf Haus) bestelle, und ein für alle Mal klarstelle, daß selbstredend bezahlt wird, wenn der Bertl mit seinem zweiten Erpresserbrief herausrückt.

„Aber ich hab dir doch gesagt, es gibt keine zwei Millionen mehr“, sagt Frau Ilse.

„Wie willst du dann bezahlen?“ fragt Sarah.

„Ich weiß“, sagt der Trainer, „Der Kurtl macht ein ein Benefiz-Konzert.“

Er hat offensichtlich einen schweren Rückschlag.

Aber Sarah kann auch darüber lachen.

„Unser Freund Kurt sieht das vollkommen richtig“, beendet der Doc die Diskussion. „Natürlich wird auf die Forderungen des Erpressers eingegangen. Natürlich wird bezahlt.“

Der Doc, als ein Mann mit Erfahrung, hat als einziger – mit Ausnahme von Ihnen, werte und fachkundige Leserschaft – natürlich sofort erkannt, worauf ich hinaus will.

Danach wendet man sich wieder den kleineren Dingen des Lebens zu.

„Sag, Kurtl“, flüstert mir zum Beispiel Sarah ins Ohr, als Frau Ilse auf dem Weg zur Toilette ist, „ Hast du was mit der Ilse?“

„Wieso?“ sage ich.

„Weil sie mich die ganze Zeit so anschaut.“

„Aber die Ilse ist doch garnicht da.“

„Eine Frau hat einen Blick für sowas“, sagt Sarah.

Das Gespräch verstummt gerade im richtigen Moment, denn Frau Ilse kehrt vom Klo zurück und hält einen weißen Briefumschlag in der Hand.

„Wurde vor wenigen Minuten unten am Empfang abgegeben“, sagt sie. „Von einem Eilboten. Für Doña und Señor Waschek.“

„Die Zahlungserinnerung vom Bertl?“ sagt der Trainer.

„Wenn wir das Schreiben nicht öffnen, werden wir es nie erfahren“, meint der Doc.

„Ich darf doch. Danke“, sagt er dann und nimmt Frau Ilse den Umschlag aus der Hand.

38

Der unbekannte Absender gibt, bezugnehmend auf sein Schreiben vom 10.1.d.J., die Auszahlungsmodalitäten der, für das Überleben des Waschek-Imperiums notwendigen zwei Millionen Schilling bekannt.

Ort der Transaktion: Der Aussichtspunkt 1 am Zapato de la Reina im Teide-Nationalpark. Die in einem Plastiksack wasserdicht verpackten Scheine werden in der Mülltonne, rechts neben dem großen Wanderwegweiser deponiert.

Zeit der Transaktion: Morgen, den 12.1., um 7 Uhr früh.

Postskriptum: Um pünktliches Erscheinen wird gebeten.

So oder so ähnlich lautet die Nachricht.

Ganz wortwörtlich, wie das der Doc gern hätte, läßt sich der Brief aber nicht übersetzen.

Denn dieses Schreiben ist in spanischer Sprache abgefaßt.

„Was ist das, der Zapato de la Reina?“ frage ich die ortskundige Frau Ilse.

„Ein Felsen“, sagt sie. „Oben in den Cañadas. Sieht aus wie ein riesiger Schuh. Deshalb haben ihn die Kanaren den Stöckelschuh der Königin getauft.“

Stöckelschuh der Königin.

So viel Humor hätte ich dem Bertl gar nicht zugetraut.

39

Die Uhr läuft unerbittlich.

Und es gibt noch so viel zu tun.

Das Problem mit der Bettenaufteilung im Bungalow hat

sich durch das Eintreffen des Erpresserschreibens, gottlob, quasi von selbst erledigt.

Der Schauplatz der Geldübergabe, der *Parque Nacional del Teide*, ist mit dem Wagen nur einen Katzensprung von Frau Ilses zirka 200 Gästenzimmern entfernt, und da wir bereits im frühen Morgengrauen den kurzen, aber nicht unbedingt kreislaufschonenden Aufstieg auf 2300 Meter hinter uns bringen müssen, empfiehlt uns die umsichtige Witwe, ihren Palast zu unserem nächtlichen Zwischenlager zu machen.

Außerdem muß sie uns mit warmen Sachen ausrüsten, denn da oben in den vulkanischen Höhen der Cañadas bläst ein böser Wind, da kann man sich leicht eine Verkühlung holen, wenn man nur mit der Kurzen und im Ruderleiberl auf der Lauer liegt.

Aber ich bin mir plötzlich garnicht einmal mehr so sicher, daß der Bertl kommen wird.

Irgendwas stimmt schon wieder nicht.

Warum schreibt der Bertl, der (laut Sarah) zwar so weit Spanisch spricht, daß er in einem Lokal ohne internationaler Speisekarte nicht verhungern muß, seinen zweiten Brief nicht auch in seiner Muttersprache?

Da reicht es bei ihm zwar auch nicht für den Pulitzer-Preis, aber die Wascheks würden sich an seinem Stil nicht stoßen, schätze ich.

Und wenn nun garnicht der Bertl hinter der Erpressung steckt, sondern jene Leute zum Beispiel, mit denen der Waschek so lang todsichere, aber noch streng geheime Geschäfte gemacht hat, bis sie ihm vorgestern abend ein Loch in den Kopf geschossen haben, wenn wir es morgen früh also mit echten Profis zu tun kriegen, dann muß ich das nicht unbedingt hautnah miterleben.

Da will ich nicht einmal anstreifen, um ganz ehrlich zu sein.

Das beschäftigt mich, während Sarah und der Trainer die

Inselzeitungen der letzten Monate zu kleinen Scheinen verarbeiten und der Doc im Salon sitzt, bei einem Gläschen vom leichten Weißen aus dem Norden, und Pläne, Wanderkarten und Broschüren über den Nationalpark studiert.

Man muß sich schließlich kundig machen über die geo- und topografischen Gegebenheiten, die den Wanderer in den unwirtlichen Weiten dieses vulkanischen Hochplateaus erwarten.

„Ein wahres Teufelswerk, diese Örtlichlichkeit, an die uns unser Mann bestellt hat", meint der Doc und betrachtet mit sichtlichem Wohlgefallen vielfarbige Abbildungen von bizarren Felsmassiven und erstarrten Lavamassen, steinere Zeugen aus jenen längst vergangenen Tagen, als der Leibhaftige hier eine eindrucksvolle Vorstellung seiner bildhauerischen Talente gegeben hat.

30 Millionen Jahre wird das jetzt schon her sein, erfahre ich vom Doc, daß der Teide dermaßen Feuer gespuckt und einen Krater in die Landschaft gefräst hat, der sich – zum Vergleich – von Wien-Mitte bis hinunter nach Bad Vöslau erstreckt.

„Interessant", sage ich.

Dann unterbreche ich ihn nur ungern, muß aber ganz einfach die Frage stellen, ob wir morgen in kompletter Besetzung da hinauf sollen. Denn im Mercedes der Frau Ilse ist zwar Platz für fünf Personen, aber so dicht gedrängt auf diesen kurvenreichen Bergstraßen könnte leicht jemand schlecht werden, dem Trainer zum Beispiel, der noch rekonvaleszent ist; und wenn wir zwei Autos nehmen, also dem Trainer seinen Mietwagen dazu, dann würde das ein zusätzliches Risiko bedeuten, denn man weiß ja, wie der Trainer Auto fährt, und außerdem lassen sich da droben zwei Autos sicherlich nicht so gut verbergen wie eines; kurz und gut: vielleicht sollte einer von uns doch besser hier im gemütlichen Zwischenlager bleiben, auf *stand by* sozusagen.

„Wenn du darauf anspielst, daß ich hier das Haus hüten

soll, weil mir zum Außendienst sozusagen das Rüstzeug fehlt, dann muß ich dich leider enttäuschen, mein lieber Kurt", sagt der Doc. „Natürlich werde ich mitkommen, allein schon, um mir dieses Naturschauspiel nicht entgehen zu lassen, und außerdem: nicht nur dich drängt es, dem Bertl die eine oder andere Frage an den Kopf zu werfen."

„War ja nur so gefragt", sage ich.

„Und was den Wagen betrifft", meint der Doc, „werden wir im Interesse unser aller Gesundheit auf das Mietmobil des Trainers verzichten, und uns mit Frau Ilses Karosse begnügen."

„Gut", sage ich. „Wie du meinst."

Dann lege ich mich in einem der zirka 200 Gästezimmer ins frisch überzogene Bett und schlafe schlecht.

40

Es läßt mir ganz einfach keine Ruh.

Und so ist es noch lang nicht Tag, und die anderen liegen noch in ihren Betten, da bin ich schon auf den Beinen.

Bewaffnet mit Frau Ilses schnurlosem Telefon stehle ich mich hinaus in den Garten, um mir Gewißheit zu verschaffen.

Ich wähle die Nummer, die ich den im Salon fein säuberlich bereitliegenden Unterlagen des Doc entnommen habe, und höre nach nur ein Mal Läuten jene Stimme, die damals schon, vor vielen Jahren, wie die einer alten Krähe geklungen hat, und sich jetzt anhört wie die einer heiseren alten Krähe.

„Ja, bitte, Brehm."

Ältere Menschen brauchen wenig Schlaf. Und die Brehm-Mutter sitzt wahrscheinlich schon die längste Zeit in der Küche, hört *Guten Morgen, Wien* und brockt sich ein Briochekipferl in den Kaffee.

„Morgen, Frau Brehm. Der Kurti spricht, wann Sie sich noch erinnern können ...“

„Der Bertl is nicht da“, kommt es wie aus der Pistole geschossen.

Manche ältere Menschen haben ein Gedächtnis wie ein Elefant.

„Ich weiß, Frau Brehm“, sage ich. „Er ist auf Teneriffa. Und wir haben da miteinander was zu erledigen.“

„Dann kannst dem Bertl gleich was ausrichten: Er soll gefälligst dann seine Mutter anrufen, wann ich es ihm sag, und nicht dann, wanns ihm paßt!“

„Werd ich ihm ausrichten“, sage ich, „aber im Moment ist der Bertl Bergsteigen.“

„Hat er gscheite Schuh mit?“ kräht die besorgte Mutter.

„Jaja. Sicher. Aber es geht um was anderes. Der Bertl hat mich gebeten, was für ihn zu erledigen, und jetzt wo er nicht da ist, find ich die Sachen nicht. Es sind Zeitungsausschnitte über Klienten vom Bertl. Watouschek. Wissen Sie vielleicht, wo er die haben könnt?“

„Die hab ich ihm doch eingepackt und gschickt, dem Bertl. Mein Gott, is der Bub schlampig.“

„Er hat momentan viel um die Ohren“, sage ich.

„Wann er genug Zeit zum Bergsteigen hat, kann er nicht so viel um die Ohren haben.“

Manche älteren Menschen neigen nun einmal zur Rechthaberei.

„Wann haben Sie dem Bertl denn die Zeitungsausschnitte geschickt? Vielleicht sind sie noch am Postweg“, sage ich.

„Das waren keine Ausschnitte, sondern das waren solche Fotokopien. Und die hat der Erwin, der Seidlitzky-Erwin, extra für den Bertl in der Nationalbibliothek machen lassen, weil der Erwin ein wirklicher Freund ist, auf den man sich auch verlassen kann ...“

Der Seidlitzy-Erwin. Auch genannt „Seicherl“, weil er ein eher unauffälliger, um nicht zu sagen, farbloser Klassenkamerad gewesen ist. Ich hab ihn völlig vergessen, und kann mich jetzt auch nur schemenhaft dran erinnern, daß er immer einen Posten im Staatsdienst angestrebt hat.

Nationalbibliothek. Der Bertl hat überall Freunde, wo er sie braucht.

„Frag doch seine Angestellte, wo sie die Sachen hingeräumt hat", kräht die Brehm-Mutter weiter. „Ich hab alles so gemacht, wie der Bertl gesagt hat. Mehr kann man als Mutter nicht tun. Ich hab ihm das ganze Zettelwerk in seinen Indianer gesteckt, weil es Millionen wert ist und der Bertl immer seine Ersparnisse im Indianer versteckt hat, und dann hab ich den Indianer dieser Angestellten mitgegeben. So ein junges Ding, so ein blondes. Das braucht schließlich nicht wissen, was für Werte da im Spiel sind. Was weiß man, was so jungen Dingern alles einfallt. Man kann ja nicht hineinschauen in die Menschen."

„So ist es", sage ich zur Brehm-Mutter, und: „Mehr wollt ich eigentlich nicht wissen."

„Und der Bertl soll dazuschauen, daß er mich anruft", läßt sie ihm noch ausrichten.

„Sobald er vom Berg wieder herunten ist", verspreche ich.

Manche älteren Menschen leiden mehr unter dem Eigenleben ihrer Kinder als andere.

41

„Der Ort ist gut gewählt", meint der Doc anerkennend.

„Naja, ich weiß nicht", sage ich und ziehe mir den dicken Winterpullover, den mir Frau Ilse aufgedrängt hat, noch weiter runter über die Nieren.

Am Absatz des steineren Stöckelschuhs der Königin pfeift ein eiskalter Wind und treibt dicke Nebelschwaden vor sich her.

Von einer schönen Aussicht ist weit und breit nix zu sehen.

Und der Aussichtspunkt, an dem man an klaren Tagen über die Cañadas auf den Teide schauen kann, einen grauschwarzen Vulkankegel, der noch einmal tausend Meter in den Himmel ragt, ist zu dieser unchristlichen Stunde natürlich menschenleer.

Der Doc und ich frieren allein auf dem kleinen Parkplatz. Da gibt es eine Informationstafel, auf der man nachlesen kann, was es mit dem Vulkanischen im allgemeinen, und dem Teide im besonderen so auf sich hat; da gibt es einen Wegweiser zu den verschiedenen Trümmern und Felsbrocken, die – vorausgesetzt, das Wetter spielt mit – in den verschiedensten Farben leuchten und funkeln; und da gibt es einen Mistkübel, der den Besucher daran erinnern soll, den Nationalpark sauberzuhalten.

Im gegenwärtigen Fall dient er allerdings dazu, die Dezemberausgaben der kanarischen Inselzeitung, die Sarah und der Trainer zu zwei Millionen in kleinen Scheinen verarbeitet haben, als Köder für den Bertl auszulegen.

Als wir den mit Tixo verklebten Plastiksack in den Müll geworfen haben, schaut sich der Doc noch einmal um und sagt: „Clever, clever."

Er meint nicht uns.

Er meint den Bertl.

Der Aussichtspunkt liegt an jener Straße, die schnurgerade – wie mit dem Lineal gezogen – die 45 Kilometer lange Längsseite des Kraters entlangführt.

Der Herannahende sieht also schon von weitem, ob er allein und ungestört kassieren kann, und sollten, wider Erwarten, doch Komplikationen eintreten, indem zum Beispiel hinter den Felsbrocken ein Dutzend bewaffneter Störenfriede hervorbricht, dann ist man auf dieser endlosen Geraden mit einem halbwegs PS-starken Untersatz längst über alle Berge, ehe die Verfolger überhaupt registriert haben, wie ihnen geschieht.

Aber wir sind, wie ich ohne falsche Bescheidenheit behaupten möchte, auch nicht von gestern.

Und wir sind gut vorbereitet.

Der Doc und ich gehen zu unserem Einsatzfahrzeug zurück, das hinter dem riesigen Würfel, den der Leibhaftige (oder eines seiner vielen garstigen Kinder) nach dem Spielen einfach hat liegen lassen, so gut verborgen ist, daß man es auch vom nahen Mistkübel aus nicht sehen kann.

Frau Ilse wartet hinterm Steuer, Sarah am Beifahrersitz neben ihr, und der Trainer lungert auf dem Rücksitz.

„Ich glaub", sagt er, „ich hab immer noch Fieber."

Sarah dreht sich zu ihm um und legt ihm die Hand auf die zinnoberrote Stirn.

„Maximal erhöhte Temperatur", sagt sie.

„Aber warum hab ich dann Ohrensausen? Ich hab nie Ohrensausen", jammert der Trainer.

„Das ist die Höhenluft", sagt Frau Ilse.

„Und damit der Kreislauf", ergänzt der Doc. „Da kann ein bißchen Bewegung nicht schaden."

Es ist kurz vor sieben.

Also wird der Trainer sein Krankenlager auf dem Rücksitz schön langsam aufgeben müssen, und seine Position auf der Spitze jenes Felszackens einnehmen, der aussieht wie der Turm eines von Dämonen der übelsten Sorte bewohnten Geisterschlosses. Von diesem Ausguck hat er den totalen Überblick, und wird uns per Handzeichen signalisieren, wenn die Gefahr bzw. der Bertl im Anrollen ist. Außerdem ist er da ganz oben im steilen Fels aus der direkten Schußlinie, sollte es zu Handgreiflichkeiten oder gar zu einem Gemetzel kommen.

Man ist schließlich besorgt um das Wohl seiner Mitarbeiter, und das erst recht, wenn sie marod und leidend sind.

„Scheißreise", murmelt der Trainer, als er aus Frau Ilses Wagen kriecht. „Und das schwör ich dir: Nie wieder!"

Dann macht er sich an den mühevollen Aufstieg.

„Arm“, sagt Sarah und schaut ihm mit mitleidigen Augen nach.

„Selber schuld“, sage ich.

„Jetzt sei nicht so herzlos, Kurtl“, sagt Frau Ilse.

Nur der Doc sagt nichts.

Er blickt auf die Uhr, steigt in den Wagen und nimmt den Platz des Trainers ein.

42

Weil grad Zeit ist – der gemeine Erpresser zeigt sich, lt. langjähriger Statistik, frühestens fünfzehn Minuten nach dem vereinbarten Termin am Schauplatz der Geldübergabe – möchte ich Ihnen den Werktätigen Herbert Brehm ein bißchen näherbringen.

Und dazu bedarf es wieder einer Reise zurück in der Zeit, diesmal ins Wien der frühen siebziger Jahre.

Eine trostlose Angelegenheit, das können Sie mir glauben, vor allem für den aufstrebenden Musiktreibenden.

Die einen Alten hatten sich inzwischen aufgebaut, was sie sich unter einer rosigen Zukunft vorstellten, die anderen Alten wollten immer noch nicht einsehen, daß sich die Welt auch ohne den Adi weiterdreht, und der junge Musikant stand, eingekeilt zwischen diesen beiden massiven Blöcken, buchstäblich vor dem Nichts.

Keine Lokale, keine Proberäume, kein Zuspruch, keine Marie.

Der Havlicek-Peperl und ich, zwei zache Hund, wie man so sagt, die sich so schnell nicht ihrer Vision berauben lassen, betrieben damals *The Revenge*. Aus Stil-, aber auch aus Kostengründen, wie ich unumwunden zugebe, musizierte man in kleinster Besetzung, also der Havlicek an der Gitarre, ich an Baß, Mundharmonika und Stimme, sowie der Slavik-Schurl am Schlagzeug.

Weil grad Zeit ist ...

... soll nicht nur vom Brehm Bertl, sondern auch einmal von meinen Tonträgern die Rede sein – nebenbei, versteht sich. Keine Werbung.

Und das sind sie:

Ostbahn-Kurti & Die Chefpartie (Ariola, 1985, LP/MC/CD)*
Ostbahn Live (Ariola, 1985, LP/MC/CD)
A scheene Leich (Amadeo, 1988, LP/MC/CD)
Liagn & Lochn (Amadeo, 1989, LP/MC/CD)
1/2 so wüd (Amadeo, 1991, DoLP/MC/CD)*
A blede Gschicht ... (Amadeo, 1992, DoLP/MC/CD)*
Saft & Kraft (Amadeo, 1994, CD/MC)
Trost & Rat (Amadeo, 1994, CD/MC)
Espresso Rosi (Amadeo, 1995, CD/MC)

*Auf diesen Tonträgern finden Sie sämtliche dem Brehm-Bertl zugeeignete Songs und Schlager!

Dem musikhistorisch versierten Leser werden sich die *line up*-mäßigen Parallelen zu anderen, prominenteren Trios dieser Tage aufdrängen, zu *The Cream* etwa oder *The Taste* oder der *Jimi Hendrix Experience*, und es war auch tatsächlich so, daß sich unser Repertoire über weite Strecken mit dem der vielleicht etwas populäreren Kollegen aus England, Irland und Amerika überschnitten hat.

Aber wir hatten auch eigene Nummer. Den *Schneebrunzer-Blues* zum Beispiel, ein langes Instrumental, das ab einem ganz bestimmten Tag, auf den ich gleich näher eingehen will, bei jedem Konzert dem Brehm-Bertl gewidmet wurde.

Der Bertl war in diesen Tagen, ausgestattet mit einem fulminanten Hauptschul-Abschluß, in der Lehre beim *Texhages* in der Favoritenstraße. Bei diesem renommierten Herrenausstatter sollte er den schönen, aber auch schweren Beruf des Einzelhandelskaufmannes erlernen, aber der Bertl hatte dazu keine wirklichen Ambitionen.

Die fesche Panier, die von der Belegschaft zum Hauspreis angeschafft werden konnte, machte ihm zwar schon viel Freude, aber der Rest war nicht so ganz nach seinem Geschmack.

Der Bertl suchte das Abenteuer, die Herausforderung, den Griff ins volle Menschenleben.

Und so wurde er, nebenberuflich, unser Manager.

The Revenge hatten damals, im Gegensatz zu fast allen anderen Bands der Stadt, ihren eigenen Proberaum, und zwar den Keller des *Espresso Rosi*, das zu dieser Zeit noch das originale *Rosi* in Wien-Simmering war, und nicht das neue, aber unter gleicher Führung in Wien-Ottakring wiedereröffnete *Rosi,* in dem zu Silvester die ganze unsägliche Geschichte begonnen hat, wegen der wir jetzt da unsere Zeit verbringen, ich als Chronist, und Sie dann als Leser.

In diesem, nennen wir es der Einfachheit halber, *Rosi I* war der Bertl also Gast, wenn er nach Feierabend nix Besseres zu tun hatte. Also täglich. Und eines Nachts im Oktober, wir waren von der mehrstündigen Probenarbeit bereits schwer gezeichnet, hockte sich der Bertl zu uns an den Stammtisch und verkündete:

„Wanns euch nix ausmacht, Burschen, ich hab eine Tournee für euch!"

Dann präsentierte er uns einen Waschzettel, auf dem neben sämtlichen Landeshauptstädten noch zirka 25 Ortschaften standen, von denen ich noch nie im Leben gehört hatte. Und überall da, meinte der Bertl, würden die Menschen nur auf uns warten. Vom zahlenden Publikum wußte er das zwar nicht so genau, aber mit den Wirten der „heißesten Hütten" jedes Veranstaltungsortes hätte er bereits alles besprochen.

Die Bertl-Tour sollte, zum Aufwärmen quasi, in den zirka 25 Kaffs seiner Liste beginnen und nach einem Triumphzug durch die Landeshauptstädte schließlich in Wien ihr furioses Finale finden.

Der Havlicek war dagegen, weil der Bertl nix Schriftliches in der Hand hatte, außer seinen Waschzettel; ich war unentschieden, weil mich dieser mögliche Karriereschub einen Monat unbezahlten Urlaub beim *Elektro-Zech* kosten würde; und der Schlagzeuger war wie immer stoned und sagte nur: „Pfau, leiwand."

Für den Bertl war das eine klare Zusage, und so fuhren wir auf Tournee.

Aber nicht lang. Eigentlich nur vier Tage. Dann wußten wir schon ziemlich genau, wies weitergehen würde.

Noch zwei Dutzend Wirten in der Provinz, die sich eine Tanzkapelle bestellt hatten und bitter enttäuscht waren, daß *The Revenge* nicht *Rosamunde* im Repertoire hatten; noch zwei Dutzend Gelegenheiten, auf ein Publikum zu treffen, das zwar das Tanzbein schwingen wollte, aber garantiert nicht zu *Wild Thing*; und noch zwei Dutzend Mal der Bertl, der uns zwar keinen Schilling auszahlen konnte, aber dafür die Bühnengetränke von der nicht vorhandenen Gage abzog.

Das alles entscheidende Gespräch fand bei Schneegestöber im zugigen Wartesaal des Bahnhofs von Attnang-Puchheim statt.

The Revenge wollte heim nach Wien. Der Bertl wollte, daß wir, gemäß unserer vertraglichen Verpflichtungen, noch weiter in den Westen, nämlich nach Fuschl fahren. *The Revenge* weigerte sich, und der Bertl drohte mit dem Rechtsanwalt. *The Revenge* schickten den Bertl Scheißen, und der Bertl wiederum *The Revenge.*

Dann fuhren wir heim, um vor fachkundigem Schulparty-Publikum vielleicht noch ein halbes Dutzend Mal den *Schneebrunzer-Blues* anzureißen, ehe wir uns auflösten.

Und der Bertl fuhr nach Fuschl, erklärte dem dortigen Wirt, *The Revenge* sei weniger eine Band, als vielmehr ein einziges Alkohol- und Drogenproblem, mit dem er als Manager nicht länger zusammenarbeiten könne, und das erzählte er auch allen anderen Wirten im gesamten Bundesgebiet, denen er mit einer flotten Tanzband im Wort stand.

Und dann schickte er mir über den Anwalt seiner Eltern eine Rechnung über nicht bezahlte Spesen und ließ sich nie mehr wieder im *Rosi* blicken.

Nach dieser einschneidenden Erfahrung mit den Schattenseiten des Musikerlebens verlor ich den Bertl für einige Jahre aus den Augen.

Zwar gab es immer wieder Gerüchte und auch Bertl-Sichtungen, die mir zugetragen wurden, – der Bertl als Stelzen-schleppender Kellner im Schweizerhaus; der Bertl mit seiner ersten Frau Susi als Flitterwöchner in Lignano; der Bertl als Automatenaufsteller im Böhmischen Prater – aber ich persönlich lief ihm erst wieder im Herbst 1977 über den Weg.

Nachdem das *Rosi I* nach einer gesundheitspolizeilichen Routineüberprüfung seine Pforten für immer schließen mußte und sich die Wirtin, die mir so viele Jahre eine mütterliche Freundin gewesen war, für bald zwei Jahrzehnte aus dem Gastgewerbe zurückzog, war es natürlich auch mit unserem Proberaum im Keller vorbei.

Meine Combo, eine der vielen frühen und wenig erfolgreichen Ausgaben der *Chefpartie*, durchlebte in dieser Zeit eine ihrer unzähligen Sinnkrisen, und weil mich das ewige Nörgeln, Matschkern und Sempern um mehr Geld schwerst deprimierte, zog ich eines Tages die Konsequenzen und entließ sie aus dem Dienst. Mit Ausnahme des Havlicek natürlich, der mir immer ein treuer und loyaler Gitarrespieler war.

Wir fanden bald jungen, ehrgeizigen Ersatz, aber die Herrschaften wollten allen Ernstes wirkliche Probenarbeit leisten, und so machte ich mich schweren Herzens auf die Suche nach einer geeigneten Lokalität.

Die Lage hatte sich gegenüber den Anfangstagen nicht wesentlich verbessert. Die wenigen verfügbaren Proberäume waren entweder überfüllt, oder aber man wies mir die Tür, weil ich angeblich nicht der Ö-Norm des kreuzbraven ordnungsliebenden Popmusikanten mit Konservatoriumsabschluß entsprach.

Also kaufte ich mir halt den *Samstags-Kurier*, studierte den zirka hundert Seiten dicken Wohnungsmarkt und stieß auf ein einziges brauchbares Angebot:

Keller (Lager, Proberaum), günstig.
Tel.: 72-38-35

Die Dame, die sich montags früh unter der angegebenen Nummer meldete, war recht zuversichtlich, daß das Objekt noch verfügbar sei, aber ich solle auf jeden Fall schnellstens bei ihr im Büro vorbeikommen, um die Formalitäten zu erledigen.

Das Büro war eine Einzimmerwohnung irgendwo im 7., gleich dort beim *Schnitzelwirt*, wer ihn kennt, und die Dame war nicht nur sehr rothaarig und sehr stark parfumiert, sondern auch mit einem Mundwerk ausgestattet, dem ich nix entgegenzusetzen hatte. Jedenfalls verkaufte sie mir für öS 6.000,- einen Kaszettel mit zehn Adressen, die ich alle aufsuchen sollte, und dann meine Wahl treffen.

Nach den ersten vier Versuchen schmiß ich das Handtuch, weil ich ziemlich genau wußte, wie es weitergehen würde.

Noch ein halbes Dutzend trockener, sauberer Kellergewölbe in verkehrsgünstiger Lage, die aber bereits vergeben waren; oder noch ein halbes Dutzend feuchter, schimmeliger Löcher, für die der Hausherr mehr Zins haben wollte, als wir in einem Monat einspielen würden.

Ich ging zurück in das Büro, das mich vermittelt hatte, und wollte mein Geld zurück.

Aber da wurde die Rothaarige pampig.

Sie verkaufe Adressen, und keine Probenkeller. Und wenn ich mit den zehn Adressen, die sie mir verkauft hat, nix anfangen kann, dann sei das nicht ihrem Büro, sondern meiner Blödheit anzulasten.

Und da wurde ich grantig. Und dann wurde es laut. Und schließlich stellte sie mich vor die Wahl, entweder für mich beim Salzamt anzurufen, oder ihren Chef.

Ich weiß auch nicht, warum ich mich für den Chef entschied, die Aufregung wahrscheinlich, aber ich weiß noch ganz genau, was ich gesagt habe, als er zur Tür hereinkam.

„Typisch Bertl", habe ich gesagt.

Was dann drei Monate später bei der Verhandlung im Bezirksgericht von Bertls rothaariger Zeugin (die sich übrigens als seine Lebensgefährtin herausstellte, denn von der Susi wurde er schon nach eineinhalb Jahren wieder geschieden) unter Eid behauptet wurde, trieb mir nicht nur die Zornesröte ins Gesicht.

Angeblich hätte ich ihren Bertl im Zuge dieser Auseinandersetzung Dinge, Körperteile und auch Tiere geheißen, die in ihrer Vulgarität und obszönen Niedertracht alles in den Schatten stellten, das sie bisher in ihrem Leben gehört hat.

Dann hatte der Trampel auch noch die Stirn, Bertls Büro als seriöse Vermittlungsagentur mit vielen tausend zufriedenen Kunden anzupreisen.

Aber da wurde es sogar dem senilen Richter zu bunt, und er meinte, seiner Einschätzung nach seien Adressenbüros wie das des Herrn Brehm ein eitriges Furunkel auf dem Gesäß des österreichischen Wohnungs- und Immobilienmarktes, das es so rasch wie möglich auszumerzen gilt.

Und dann verurteilte er mich wegen Ehrenbeleidigung und leichter Drohung zu eineinhalb Blauen, und ich mußte mich beim Bertl in aller Form entschuldigen.

Aber dem Bertl und seinem Büro drehte die Justiz, die ja manchmal doch eine Gerechtigkeit kennt, zwei Monate später das Gas ab.

Und natürlich war ich schuld, an noch einem seiner großen Rückschläge im Leben.

43

Der Trainer winkt.

Die Spannung steigt.

Es ist 7 Uhr 12.

Wir lauschen gebannt in die Stille, die hier heroben keine Stille ist, wie der Stadtmensch sie kennt, sondern ein absolutes akustisches Nichts.

Weil in dieser Kraterlandschaft kein Baum, ja nicht einmal ein anständiger Strauch aufwachsen will, gibt es auch keine Kanarien- oder sonstigen Vögel, die sich zu einem morgendlichen Plausch treffen würden, und es gibt auch sonst kein Getier, das Lärm macht oder schreit.

Angeblich soll es ein paar Mufflons geben, die früher hier ausgesetzt wurden, aber die sind auch nicht da. Wahrscheinlich auf Erholung im grünen Norden.

Dann ein leises Summen, das sich rasch zum Motorengeräusch auswächst, und gleich darauf kommt ein klappriger roter Kastenwagen ins Bild.

Auf dem roten Kasten steht irgendwas in weißer Schrift.

Ich erkenne auf die Schnelle nur ein Wort: *Pan*.

Und *pan*, das weiß ich, heißt Brot.

Der Bertl gut getarnt als Bäckermeister, und unterwegs in einer Klapperkiste, die jeden Augenblick auseinanderfällt?

Ich komme garnicht dazu, über den Sinn eines solchen Täuschungsmanövers nachzudenken, denn die rote Schrottmühle fährt gemächlich am Aussichtspunkt vorbei, wahrscheinlich zur nahen Jausenstation, wo man bald daran gehen wird, für die Autobusladungen Touristen Schinkenbrote und Käseweckerln vorzubereiten.

Aber es vergehen keine zwei Minuten, da winkt der Trainer schon wieder.

Das Geräusch, das nun die Stille stört, klingt wie der Schlachtruf der Großen Killerwespe.

Ich spähe hinter dem Felswürfel hervor, und sehe ein Motorrad, das mit einem Affenzahn die lange Gerade auf uns zukommt.

Der Bertl auf (s)einer Maschin.

In voller Montur. Vollvisierhelm. Lederpanier.

Jetzt drosselt er das Tempo.

Ich gebe Frau Ilse durch ein knappes Kopfnicken zu verstehen, daß die Lage nun endlich ernst wird. Frau Ilse strafft sich, umklammert das Lenkrad und blickt mit verbissenem Gesichtsausdruck dem Augenblick der Entscheidung entgegen. Sarah macht nur große grüne Augen. Und der Doc auf dem Rücksitz ist noch eine Spur blasser im Gesicht als sonst. Aber da kann ich mich auch täuschen.

Der Bertl schleift sich auf dem Parkplatz ein, rollt zur Mülltonne, und das ist der Moment, an dem ich die Naturbühne betrete, um ihn allein durch meine bloße Anwesenheit dermaßen zu schockieren, daß seine Schrecksekunde zu einer langen bangen Minute wird.

„Servas, Bertl“, sage ich und trete aus meinem Versteck hevor auf die schnurgerade Straße.

Mit dem Timing einer erfahrenen Stuntfrau wirft Frau Ilse hinter mir den Mercedes an, gibt ihm die Sporen, und der Wagen macht einen gewaltigen Satz, hinter dem Felswürfel hervor auf die Fahrbahn.

Aber der Bertl reagiert nicht wie erwartet.

Er schaut nicht, staunt nicht, grüßt nicht.

Er faßt irgendwie unbeeindruckt in den Mistkübel, holt die Dezemberausgaben der Inselzeitung heraus und streckt mir dann, zum Abschied, den ausgestreckten Mittelfinger entgegen.

Die *Triumph* röhrt auf, und ab geht die Post.

Aber Frau Ilse schaltet schnell und richtig. Der Mercedes macht einen weiteren Satz nach vorn und blockiert nun die ganze Fahrbahn.

Jetzt gerät der Bertl ins Schleudern. Die bittere Erkenntnis, daß er mit seinem Zweirad gegen eine Tonne solider deutscher Wertarbeit kein Leiberl hat, trübt für ein paar Augenblicke seine Sinne. Nur so ist es zu erklären, daß er seine Maschine nicht herumreißt und die Flucht nach hinten antritt, sondern, ganz im Gegenteil, haarscharf an der Kühlerhaube des Mercedes vorbei, von der glatten Fahrbahn ins unwegsame Gelände ausreitet.

Auch der abgebrühteste Motocross-Profi würde an dieser Aufgabe scheitern.

Hier gehts nicht nur über Stock und Stein, Schutt und Lava, hier hat das einstige vulkanische Treiben auch heimtückische Flecken feinen weißen Treibsandes hinterlassen.

Und so sieht es nach ein paar Fluchtmetern für einen Augenblick so aus, würde der Bertl mit seiner Maschine in das Innere des Vulkans abbiegen wollen. Das Vorderrad der *Triumph* versinkt im Sand, den Bertl hebt es aus dem Sattel, und nach einer Flugzeit von zirka drei Sekunden schlägt er hart am Cañada-Boden auf.

Trotz des schützenden Sturzhelms ist er noch ganz benommen, als wir bei ihm ankommen.

Sarah und der Doc halten etwas Abstand zu dem Verunglückten.

Frau Ilse und ich, die während der gesamten Operation ein gerüttelt Maß an Nervenstärke bewiesen haben, knieen neben dem Bertl nieder und öffnen mit leicht zitternder Hand das Visier seines Helmes.

Der Bertl ächzt.

Dann flattern seine Lider, und er schlägt die Augen auf.

Der Bertl hat graue Augen.

Aber die des Bertl hier sind braun. Und er hat einen südländischen Teint. Und er trägt einen dichten schwarzen Vollbart, der dem Brehm-Bertl nie im Leben wachsen würde, weil er immer schon einen sehr spärlichen Bartwuchs gehabt hat.

„Das ist nicht der Bertl", sage ich und sehe mich im Sinne der Selbstverteidung nach einem Stein oder Lavabrocken um, der gut in der Hand liegt.

Die Auswahl ist groß, und eine Entscheidung fällt daher nicht leicht, aber ich muß mich garnicht entscheiden, denn Frau Ilse, die anscheinend immer an alles denkt, zückt aus ihrem Täschchen einen kleinen Damenrevolver und hält ihn dem falschen Bertl vor die Nase.

Jetzt treten auch Sarah und der Doc näher und ins Blickfeld des bärtigen Bruchpiloten.

Er mustert die Runde und sagt dann was.

„Er sagt, er weiß von nichts und er ist nur vom Botendienst", übersetzen Frau Ilse und Sarah wild durcheinander.

„Dann bestellt doch bitte dem Herrn: Wir wissen alles, und sind von der Polizei", sagt der Doc zu unseren beiden Dolmetscherinnen.

Frau Ilse und Sarah tun, wie ihnen geheißen, aber dem falschen Bertl sitzt plötzlich der Schalk in den Augen.

„Policia?" lacht er. Und dann sagt er wahrscheinlich, daß

wir das der Tante Hetti erzählen können, aber nicht so einem harten Hund wie ihm.

„Der Schmäh kommt nicht“, sage ich zum Doc. „Laß mich das machen.“

Dann greife ich mir wortlos den Plastiksack, den der hartgesottene Bursche im Zuge seiner Bruchlandung verloren hat, halte ihn demonstrativ in die Höhe und sage:

„Weißt du, was da drin is, Rindviech?“

Der falsche Bertl schüttelt den Kopf.

„Nein?“

„No“, bleibt er beharrlich.

Ich lasse mir von Frau Ilse Feuer geben, drehe das goldene Rädchen ihres *Dupont*-Feuerzeugs auf bis zum Anschlag und produziere eine eindrucksvolle Stichflamme.

Der bärtige Bertl verfolgt meine Vorstellung mit wachsendem Interesse.

Und sein Interesse schlägt um in Panik und Entsetzen, als ich den goldenen Flammenwerfer an den Sack mit den zwei Millionen halte, bis das angeschmorte Plastik schön bestialisch stinkt.

„No“, schreit er und bäumt sich auf, aber da ist Frau Ilse mit ihrem zierlichen Revolver, und unser Mann vom Botendienst geht vorsichtshalber wieder in die Horizontale und redet plötzlich wie ein Wasserfall.

Als Frau Ilse und Sarah endlich die Übersetzung seines Sermons beieinander haben, sehen wir uns mit folgendem Vorschlag konfrontiert:

Wir sollten doch nicht so deppert sein, das viele schöne Geld den Flammen zu opfern, sondern vielmehr so schlau, mit ihm ins Geschäft zu kommen. Er verrät uns Namen und Anschrift seiner Auftraggeber, die ihn, mitsamt ihrer österreichischen Ratte, ohnedies die längste Zeit schon anstinken, und kassiert dafür die Hälfte des Geldes, also eine Million, ein solides Startkapital, um sich irgendwo in der Fremde was aufzubauen, in Kanada zum Beispiel.

„Nix fifty-fifty“, meldet sich der Trainer, der nach beschwerlichem Abstieg von seinem Hochstand wieder zu uns gestoßen ist.

Und dann macht er dem falschen Bertl ein angemessenes Gegenangebot: 70:30.

„Okay“, gibt sich dieser angesichts seiner ungünstigen Verhandlungsposition geschlagen und verrät uns, wo er die Waschek-Millionen hinbringen sollte.

„Ein Haus bei Orotava“, übersetzt Frau Ilse, „ein noch nicht bezugsfertiges Haus.“

Sarahs Baustelle.

„Ich kenn den Weg“, sagt sie.

Dann gebe ich unserem neuen Geschäftspartner über Vermittlung von Frau Ilse den dringenden Rat, sich nicht der irrigen Annahme hinzugeben, wir wären auf der Nudelsuppe dahergeschwommen. Wir sind nicht nur im Forechecking europareif, wir verstehen auch was von der strategischen Kunst des geordneten Rückzugs.

Und daher wird er jetzt schön brav hier liegenbleiben, während wir zu unserem Wagen zurückgehen, dort das viele schöne Geld gemäß unserer Vereinbarung aufteilen, ihm seinen Anteil zur Abholung in die Mülltonne legen und sodann unsere Weiterreise antreten.

Er mault ein bißchen.

Aber Frau Ilse macht ein wildentschlossenes Gesicht und fuchtelt mit ihrem Revolver herum.

„Vale, vale“, gibt sich der falsche Bertl endgültig geschlagen.

Als wir die Stätte unseres Triumphes verlassen haben, blicken wir noch einmal zurück auf den Stöckelschuh der Königin. Die ersten Sonnenstrahlen brechen durch den Nebel und lassen die Felsentürme in vielen erlesenen Farben leuchten. Ein ganz unwirkliches Bild, wie es auch die Filmarchitekten vom *Planet der Affen*, *Star Wars* und *Raumschiff Enterprise* nicht überzeugender hinkriegen würden.

Und auf dem Parkplatz des Aussichtspunkts sehen wir eine schwarze Gestalt, die auf- und niederspringt wie ein wütender Kobold, und um sie herum wirbeln viele kleine Scheine durch die Luft.

44

„Sieht garnicht gut aus“, raunt mir der Doc ins Ohr.

Er liegt neben Sarah und mir im Bauschutt auf dem Bauch und späht durch die Oberlichte hinunter in die noch unfertige Garage jener Villa im Orotava-Tal, die dem Waschek-Palast zwar nicht das Wasser reichen kann, aber zirka 25 Gästezimmer sind ja auch kein Schas, würde ich sagen.

Dann rutscht der Doc ein Stückerl, und so können endlich auch Sarah und ich einen Blick hinunterwerfen in den erst grob verputzen Raum, der im Schein zweier Petroleumlampen nicht unbedingt in hellem Glanz erstrahlt.

Aber man sieht auch so genug.

„Jessas“, entfährt es Sarah, fast eine Spur zu laut. Dann hält sie die Luft an.

Und ich weiß, daß des Doktors pessimistische Worte ausnahmsweise nicht meiner Situation gelten, sondern der des Herbert Brehm.

Es sieht wirklich garnicht gut aus, wie der Bertl da unten am Haken hängt. Die Arme überm Kopf, die Handgelenke mit Klebeband gefesselt und an einer Traverse an der Decke festgemacht. Da der Bertl kein Longinus ist, sondern eher von kleiner Statur, muß er in seiner ohnedies schon mißlichen Lage auch noch auf den Zehenspitzen stehen, aber das ist lang nicht alles: Sein Mund ist mit einem Streifen Leukoplast zugeklebt, das linke Auge ist arg verschwollen, und aus der Nase hängt etwas, das aussieht wie ein Rotzglöckerl, aber durchaus auch getrocknetes Blut sein könnte.

Er trägt ein kanaribuntes Sporthemd, bei dem (im Zuge eines Raufhandels?) sämtliche Knöpfe abgegangen sind, und eine weiße Untergatte mit einem großen nassen Fleck am Hosentor, was die Vermutung nahelegt, daß der Bertl schon eine ganze Weile in dieser unbequemen Position verweilen muß, länger jedenfalls, als die durchschnittliche menschliche Blase das aushält.

Ein paar Schritte vor dem Bertl steht ein Maurerbock mit allerhand Werkzeug drauf: ein Stück Gartenschlauch, eine Gartenschere, ein Lötkolben, eine Packung Streichhölzer, ein Arbeitshandschuh, eine Pistole.

Soweit man das von hier heroben beurteilen kann, ist der Bertl aber noch am Leben.

Und nicht allein.

Aus einer Ecke der Garage, die von unserem Beobachtungsposten nicht einsehbar ist, sind leise Stimmen zu hören.

Eine eher männliche Stimme, die hin und wieder bellende Laute ausstößt; und eine zweite, ebenfalls eher männliche Stimme, die das Bellen mit einem gefährlichen Knurren beantwortet.

Der Bertl ist – und Sie werden mir sicherlich verzeihen, wenn ich mir trotz seiner erbärmlichen Lage einen kleinen Scherz erlaube – anscheinend auf den Hund gekommen.

Daß seine Geschäfte nicht ganz so laufen, wie er sich das in seinen hochtrabenden Träumen vorgestellt hat, konnte man spätestens nach Sarahs eindrucksvollen Schilderungen als gegeben annehmen, aber daß er in kürzester Zeit vom großen Zampano zum personifizierten Elend abhalftern würde, das kommt sogar für uns überraschend.

Und war in der sorgfältigen Planung unserer Operation nicht vorgesehen.

Auf der Fahrt vom Teide-Nationalpark, den wir ja leider just in dem Moment hinter uns lassen mußten, als er in all seiner morgendlichen Pracht erstrahlte, auf dieser kurzen Fahrt herunter ins Immergrün des Orotava-Tales also, machte sich an Bord von Frau Ilses Mercedes eine Art kollektives Jagdfieber breit.

Wir waren in Hochstimmung, sparten nicht mit Lob, Hudel und Schulterklopfen für den vorbildhaften Einsatz der gesamten Truppe und waren beseelt von unserem Plan, nun auch dem echten Bertl aufzulauern, ihn bei günstiger Gelegenheit abzupassen, zu einem ausführlichen Gespräch einzuladen, wenns sein muß auch unter Zuhilfenahme von Frau Ilses kleinem, aber feinem Revolver, und nach Bertls reuigem und allumfassenden Geständnis endlich in die Niederungen des Urlauberalltags hinabzusteigen.

„Klingt prima“, sagten alle.

Nur der Doc sagte es nicht wirklich froh. Aber das lag weniger an unserem Plan, als an seinem leicht angeschlagenen Selbstbewußtsein. Er war mit seinen Leistungen im Zusammenhang mit der Ergreifung des falschen Bertl ganz und gar nicht zufrieden und meinte halblaut, mehr im Selbstgespräch, daß er für den Außendienst wohl doch nicht der richtige Mann sei.

„Ich weiß nicht, was du hast, Doc“, sagte ich, um ihn wieder aufzurichten, „Du hast das super gemacht!“

„Danke für die Blumen“, sagte der Doc, „aber du weißt so gut wie ich, daß ich *nichts* getan habe. Zumindest nichts von Bedeutung.“

Und nach genauerer Überlegung mußte ich ihm leider beipflichten. Natürlich sagte ich ihm das nicht, denn man weiß ja, wie der Doc auf die leiseste Kritik reagiert, sondern hing kurz schweigend meinen Gedanken nach.

Es gibt Menschen, dachte ich, die sind auf dieser schönen Welt, um zu tun und zu handeln.

Und es gibt Menschen, deren Aufgabe es ist, über das Tun und Treiben der anderen nachzudenken.

Der Doc ist ein Denker. Wie auch der Trainer, wenn er nicht grad um Haaresbreite dem Hitzschlag entronnen ist und seine grauen Zellen die Mitarbeit verweigern.

Ja und ich bin mehr ein Mann der Tat.

So seh ich das.

Dann kamen wir in die Nähe der Baustelle, auf der Sarah sich ihre Gehirnerschütterung und den gebrochenen Mittelhandknochen geholt hat, und das Gespräch wandte sich wieder mehr der Praxis zu.

Es ging um eine gerechte Aufteilung der anstehenden Aufgaben.

Der Trainer hatte schlagartig wieder Ohrensausen und klagte auch über leichten Schüttelfrost.

Also durfte er bei Frau Ilse im Wagen bleiben, den wir im Schatten der Pinien, nur wenige Meter vom Gitterzaun der Baustelle entfernt, abstellten.

Vor dem weit offenen Tor mit der großen Warntafel – wahrscheinlich die spanische Version unseres *Betreten der Baustelle verboten* – parkten bereits zwei Fahrzeuge. Das eine identifizierte Sarah als Bertls bis unters Dach mit seinen Siebensachen angeräumten VW-Golf. Der zweite Wagen war ein Miet-Jeep der Firma *Hertz*. Also war der Bertl nicht allein im Haus. Da wir aber die Konfrontation mit ihm, nicht aber mit seinen Geschäftspartnern suchten, sollte unser Flucht-Mercedes in der Nähe bereit stehen, für den Notfall eines überstürzten Abgangs.

Dann machten sich Sarah, der Doc und ich auf den Weg.

Und weil das nun schon eine gute halbe Stunde her ist und wir, so in Bauchlage vor der Oberlichte, schön langsam anwachsen, könnte nach meinem Geschmack bald einmal was weitergehen.

Wenn man sich an den Anblick des traurig am Haken hängenden Bertl erst einmal gewöhnt hat, ist unsere Aussicht zirka so aufregend wie das Testbild.

Und der Ton dazu, das Bellen und Knurren, wird durch ständige Wiederholung auch nicht aufschlußreicher.

Doch plötzlich tut sich was.

Ein Mann kommt ins Bild. Grau meliert, grauer Anzug.

Ein ganz anderer Typ als der Waschek, aber auch ein Typ, von dem ich keinen Gebrauchtwagen haben wollte, nicht einmal geschenkt.

Er sagt was zum Bertl, das sich wie ein Bellen anhört, zeigt auf seine goldene Armbanduhr und geht wieder aus dem Bild.

„Das ist der eine Piefke", zischt Sarah aufgeregt.

Der Herr in Grau kommt aus der Garage und marschiert knirschenden Schrittes davon.

Während draußen vor dem Tor der Miet-Jeep gestartet wird und wegfährt (und der Lenker hoffentlich nicht auf den im Schatten der Pinien geparkten Mercedes aufmerksam wird), kriegt der Bertl abermals Besuch.

Jetzt ist es eine Frau mit schwarzem Bubikopf und einem schwarzen, nicht sonderlich vorteilhaft geschnittenen Kostüm. Aber die Dame macht nicht den Eindruck, als würde sie auf solche Äußerlichkeiten besonderen Wert legen.

Lassen Sie es mich so sagen: Ich würde mit ihr nicht in eine finstere Garage gehen und mich dort fesseln lassen.

Aber der Bertl hat das wahrscheinlich nicht aus freien Stücken getan.

(Obwohl: Über sein außergewöhnliches Sexualverhalten ist auch so manches wilde Gerücht in Umlauf.)

„Das ist die Russin", flüstert Sarah.

„Hab ich mir fast gedacht", flüstere ich zurück.

Wie mir der Doc zirka zwei Stunden später anvertrauen wird, hat auch er beim Anblick von Bertls russischer Bekannter zuerst seinen Augen nicht getraut.

„Geradezu unglaublich", wird er meinen, „daß Hollywood, die einschlägige Spionageliteratur, überhaupt die gesamte Propagandamaschinerie des Freien Westens ausnahmsweise nicht übertrieben hat, wenn es darum ging, ein klares Bild von der weiblichen Hälfte der roten Gefahr zu zeichnen."

Sie kennen, was der Doktor meint, aus Film und Fernsehen: Die KGB-Offizierin mit den stahlharten Augen und dem leicht sadistischen Zug um den schmalen Mund, dogmatisch und schmähfrei bis zum Abwinken, eine mit Wodka und Linientreue betriebene Kampfmaschine.

Heutzutage, wo die Linie abhanden gekommen ist, der KGB nicht mehr existiert (oder zumindest nicht in seiner ursprünglichen, staatstragenden Form) und sich viele seiner ehemaligen Spitzenkräfte in der Freien Marktwirtschaft behaupten müssen, darf es einen nicht wundern, daß eine solche Kraft auch im sonnigen Teneriffa ihr Geld verdienen will.

Und was zum Beispiel ungewöhnliche, und auch ungewöhnlich effektive Verhörmethoden angeht, sollen ehemalige KGB-Mitarbeiter ja zur absoluten Weltspitze gehören.

Der Bertl könnte davon, schätze ich, das eine oder andere Lied singen, aber weil ihn der Leukoplast-Streifen über dem Mund daran hindert, strampelt er nur hilflos mit den Beinen, als sich die Russin vor ihm aufbaut.

Sie hat den batteriebetriebenen Lötkolben mitgebracht und prüft mit den Fingerspitzen, ob die Temperatur auch stimmt.

Dann knurrt sie was, das dem Bertl gar nicht gefällt.

Er schüttelt den Kopf und strampft, so gut er kann.

Das hilft. Zumindest vorläufig.

Der Folterknecht läßt von seinem Opfer ab und beginnt nun, es langsamen Schrittes zu umrunden. Dreht eine Runde nach der andern, ganz gemächlich, weil wir haben ja Zeit.

Der Doc sieht das anders.

Nachdem ein Geistesblitz seine finsteren Züge erhellt hat, tippt er Sarah zart an der Schulter an und deutet ihr, mit ihm zu kommen. Mir gibt er durch Handzeichen zu verstehen, meine Position nicht zu verlassen und das Trauerspiel in der Garage weiter im Auge zu behalten.

Dann robben er und Sarah davon, und ich sehe und höre nichts mehr von den beiden, bis zu Sarahs großem Auftritt.

Ihre schauspielerische Leistung ist nicht weltbewegend,

eher Laienbühne, aber sie kommt an. Und nur das zählt im Leben, zumindest jetzt, vor diesem nicht sehr kunstsinnigen Publikum.

„Herr Brehm!“ höre ich Sarahs Stimme. „Herr Brehm! Sind Sie da irgendwo? Herr Breh-hem!“

Keine großen Worte, und auch nicht mit dem Brustton der Überzeugung vorgetragen, aber Bertls Peinigerin stellt sofort ihren Rundgang ein, legt den Lötkolben zurück auf den Maurerbock, ergreift stattdessen die Pistole und marschiert zur Tür.

Und dann gehts Schlag auf Schlag.

Die Garagentür fliegt auf. Die Russin tritt heraus in die Vormittagshitze. Sie blinzelt in die Sonne. Und viel mehr kriegt sie für die nächste Zeit auch nicht zu sehen, denn da ist der Doc zur Stelle und zieht ihr die Breitseite einer Schaufel über den Bubikopf.

Weil man als Laie ja nicht abschätzen kann, wie lang eine Ohnmacht bei ehemaligen KGB-Leuten anhält, schmeißen wir unsere bedächtige Gründlichkeit ausnahmsweise über Bord und stürmen umgehend die Garage.

Sarah und der Doc schneiden den Bertl mit der Gartenschere von der Traverse los, ich reiße ihm das Heftplaster vom Mund, der Bertl schreit kurz auf, weil in der Hitze des Gefechts ein paar Bartstoppeln mit abgegangen sind, und dann verlassen ihn die Kräfte.

Wir schleppen ihn zur Tür, vorbei an der Russin, die noch keine Anstalten macht, uns daran zu hindern, und als wir ihn draußen im Freien an eine Mischmaschine lehnen, holt er erst einmal tief Luft.

„Kurti, alter Freund“, sagt er dann und lacht oder weint, oder beides gleichzeitig.

Ich sage: „Servas, Bertl.“

Und dann sage ich ihm, daß er gar nicht gut riecht und die Kleider wechseln sollte, bevor wir uns auf den Weg machen.

45

Der Bertl wird in seinem eigenen Wagen fahren, aber der Trainer wird ihn lenken.

„Das ist kein Akt der Bosheit", meint der Doc, als wir mit Sarah und Frau Ilse im Mercedes sitzen und die Schnellstraße gegen Süden rollen. „Sieh es als eine Art Versicherungspolizze."

„Inwiefern?" frage ich.

„Sollte die Kooperationsbereitschaft des Herrn Brehm zu wünschen übriglassen, stellen wir ihm eine weitere Überlandfahrt mit dem Trainer in Aussicht, oder besser: als Rute ins Fenster."

Der Doc ist wieder guter Dinge. Entspannt und zufrieden lehnt er sich zurück und genießt im Geiste wahrscheinlich noch einmal jenen Augenblick, als er, die Schaufel in Händen, seine vermeintlichen Grenzen überwand und erstmals nicht nur mit der Wucht seiner Gedanken, sondern auch mit der seiner Muskelkraft für klare Verhältnisse sorgte.

Also, los haben wir schon was, denke ich mir, und einen kleinen Moment lang ist mir scheißegal, ob Eigenlob stinkt und wenn ja, wonach.

Ziel unserer Fahrt ist der *Oasis*-Bungalow, wo der Doc endlich wieder an seine Denkmaschinen darf, die ihm jetzt vielleicht gar nicht mehr so sehr ein und alles sind, und wo der Bertl, nach einer ausführlichen Dusche, Rede und Antwort stehen wird.

„Alles, Burschen, alles könnts von mir wissen", versprach er, während er hinter seinem vollgepackten *Golf* Hemd und Hose wechselte.

„Wers glaubt", sagte ich zu ihm.

„Kurti, du kennst mich doch", sagte er mit einem treuherzigen Blick.

„Eben", sagte ich.

46

Das komplette Transkript jenes Gesprächs, das der Trainer, Dr. Trash und meine Wenigkeit am Nachmittag des 12.1.d.J. mit dem Brehm-Bertl führten, würde den hier zur Verfügung stehenden Rahmen natürlich bei weitem sprengen, daher ersuche ich Sie – werte und aufmerksame Leserschaft – mit der nachfolgenden sorgfältig gekürzten und (in Zusammenarbeit mit dem Doc) für das breite Publikum eingerichteten Fassung vorliebzunehmen:

BERTL: Ich will mich ja nicht abputzen, aber eines muß ganz einfach gesagt werden: Ohne der Sybille wär die ganze Scheiße nie passiert. Ich hab ja zuerst geglaubt, das mit der Sybille, das wird was Richtiges. Aber es war dann doch nix. Nix auf ewig zumindest.

TRASH: Augenblick. Sie sprechen von Frau Sybille List, *Victory-Investments*, Regensburg, nehme ich an?

BERTL: Regensburg, jawohl. Das brauch ich so dringend wie am Hals einen Kropf, ehrlich. Warst schon einmal in Regensburg, Kurti? Vier Monat lang, nonstop? Die Sybille hat sich jedenfalls wahrscheinlich mehr Hoffnungen gemacht als ich. Beziehungstechnisch, mein ich. Aber der Job in ihrer Firma war tadellos. Ausbaufähig. Ein Sprungbrett. Überhaupt die Teneriffa-Connection.

Und wie das mit der Alten, also der Sybille, nur noch ein einziger Krampf war, im Privaten, hab ich mich über die Häuser geworfen und in den schönen Süden, damit beim *Victory*-Außenposten, drüben in Los Christianos, ein bißl was weitergeht.

Das war im Herbst. Alles palletti, am Anfang. Schön zum Arbeiten, schön zum Verdienen, auch schön gewohnt, muß ich sagen, in der Sybille ihrem Haus, direkt am Meer, Puerto de la Cruz, die Gegend, wo wir heute waren.

Und dann hab ich mir blöderweise – und das war mein Fehler, das weiß ich – mit der Sonja was angefangen. Das war die Telefonistin bei uns, in Los Christianos im Büro. Und mit zwei Frauen in derselben Firma, das is nix, auch wenn sie 3000 Kilometer voneinander entfernt sind. Der Teufel schlaft ned, und irgendwann kommt alles auf.

KURT: Apropos. Wann hast du eigentlich die Waschecks kennengelernt?

BERTL: Unterschiedlich. Den Walter kenn ich schon länger, über die Sybille, weil der is irgendwie mit dabei, anteilsmäßig, bei *Victory*. Der is überall mit dabei. Es gibt wahrscheinlich kein Geschäft auf der Insel, wo der nicht seine Finger drin hat.

TRAINER: Hatte. Weil der Waschek ist tot.

BERTL: Wer sagt das?

KURT: Ich. Weil ich hab ihn gefunden. Mit einem Loch im Kopf.

BERTL: Kein Schmäh?

TRASH: Wir scherzen nicht, Herr Brehm, würden aber gerne wissen, ob Sie den Herrn Waschek tatsächlich so gut gekannt haben, wie Sie behaupten, denn er hat sich in einem Gespräch mit unserem Freund Kurt nicht einmal an Ihren Namen erinnern können.

BERTL: Da war wahrscheinlich die Ilse dabei. Richtig?

KURT: Richtig. Aber Antwort is das keine, Bertl.

BERTL: Die Waschecks sind doch, das sieht ein Blinder, nicht grad das Traumpaar des Jahres. Sie mit ihre Gschamsterer (*Liebhaber, Anm.d.D.*) und dem Wacholdernen (*Gin, Anm.d.D.*) neben dem Bett, und der Walter mit seinen hunderttausend Deals, von denen die Ilse nix hat wissen dürfen, weil sie mariemäßig immer auf Nummer Sicher war. Aber da bin ich auch erst schön langsam dahintergekommen, wie das bei den Waschecks wirklich rennt.

TRAINER: Nämlich in einer Liebesnacht mit der Frau Ilse, die du in der Autovermietung kennengelernt hast.

BERTL: So ungefähr. Eigentlich wars keine Nacht, sondern ein späterer Vormittag, statt dem Tennisspielen, und die

Ilse hat noch eine Restfetten ghabt vom Vorabend, die hat sich gewaschen gehabt.

TRASH: Und nach ihrer Lebensbeichte kamen Sie auf die Idee, die Wascheks zu erpressen.

BERTL: Nicht direkt. Zuerst bin ich nach Regensburg, weil die Sybille ihren 40. Geburtstag gehabt hat. Aber das war nix. Das war eigentlich ein Desaster. Beziehungsmäßig. Und dann hab ich mir gedacht, daß ich mit meinem Know-how eigentlich auf die ganze *Victory*-Partie verzichten könnt und meine eigene Partie aufmachen. Fast so wie du, Kurti.

Und ich hab da auch schon eine konkrete Idee gehabt. Eine Wahnsinns-Idee. Nur, die war teuer. Sehr teuer sogar. 25 Mille. Die Hüttn, wo ihr mich heut rausgeholt habts. Steht seit eineinhalb Jahren leer und zum Verkauf. Der Besitzer, ein Araber, hat zum bauen angefangen, dann die vielen Touristen gesehen und dran die Freud verloren.

TRASH: Und in Ermangelung von genügend Eigenkapital haben Sie die Wascheks sozusagen um einen Zuschuß von zwei Millionen gebeten. Sehe ich das richtig?

BERTL: Ich mein, ehrlich: Die Wascheks haben mehr Geld als der Teufel Wimmerln am Arsch. Denen tun die zwei Mille ned weh. Und für mich wären sie ein Anfang gewesen.

TRAINER: Also hast du deinen alten Freund, den „Seicherl", angerufen, er möge dir die alten Zeitungsausschnitte über den Watouschek-Fall ausheben, bei ihm in der Hacken, in der Nationalbibliothek, die Mama hat sie in den Azteken gepackt und der Sarah mit auf die Reise gegeben ...

BERTL: Woher weißtn das?

KURT: Weil wir keine Wehs (*Versager, Anm.d.D.*) sind, Bertl. Übrigens: du sollst dringend deine Mutter anrufen.

TRAINER: Worüber wir aber nix Genaues wissen, das ist deine Wahnsinns-Idee. Läuft die zufällig unter dem Codenamen *Aphrodite Resort*?

BERTL: Wollts mich quälen? Ja? Das is eine todsichere Sache. Die absolute Marktlücke. Ihr habts die Hüttn ja gsehn. Traumlage. Exponiert. Diskret. Weil weit und breit keine Nachbarn. *Aphrodite Resort.* Das Entspannungsparadies für den solventen Herrn. Sauna, Solarium, Whirlpool, Massagen aller Art, von zart bis streng, französisch, griechisch, spanische Dressur, englische Erziehung ...

KURT: Also kurz: ein Puff.

BERTL: Was heißt ein Puff! *Das* Puff. Höchstes Niveau, verstehst? Nur die besten Hasen. Internationale Katzen. Keine Grammeln wie am Gürtel. Und es hätt auch alles hingehaut, mit den richtigen Partnern. Der Walter war am Anfang natürlich voll mit dabei. Aber was den alten Hurenbock wirklich interessiert hat, war ein Gratis-Abo bei den Muschis, wann die Gschicht einmal rennt. Irgendwie war ihm die ganze Sache eine Nummer zu groß. Aber er hat mir den Steffen geschickt. Das war der Piefke heute, der graue Panther. Geld spielt bei dem keine Rolle. Aber zu einem guten Gschäft gehört auch ein Herz, sag ich immer. Und der Steffen hat kein Herz. Der is eiskalt. Ein Verbrecher. Vertritt eine „deutsch-russische Investorengruppe". Weißt eh was das heißt, auf gut deutsch: Ost-Mafia.

Aber leider – und das war mein großer Fehler – hab ich ihn am Anfang unterschätzt. Ich hab ein bißl geblufft mit einem Vorvertrag für die Villa, der noch nicht wirklich spruchreif war, erst mit den zwei Mille aus dem Waschek-Gschäft, und ich hab mir von ihm ein Akonto geholt. 250 Flocken *(250.000 öS, Anm.d.D.)*, eine kleine Anzahlung quasi.

TRASH: Könnte man sagen, Sie haben diesem Herrn Steffen für eine Viertelmillion heiße Luft verkauft?

BERTL: Nicht unbedingt. Eine Wahnsinns-Idee. *Aphrodite Resort.*

KURT: Apropos. Kannst dich noch erinnern, Bertl: 1989.

BERTL: Nein. Hilf mir, Kurti. Was war da?

KURT: Da warst du beim Film. Und hast dem Österreichischen Brauereiverband, der Winzergenossenschaft und dem Dachverband der Spirituosenhersteller Sponsorverträge und ein super *Product placement* für einen Ostbahn-Kurti-Film angedreht, von dessen Existenz ich nicht einmal was gewußt hab.

BERTL: Das war ganz anders, Kurti. Ich bin ein Gschäftsmann. Und du bist ein Künstler. Von solche Sachen verstehst du nix.

KURT (laut): Was heißt da, ich versteh nix?! Du hast überall dein Akonto kassiert und dann bist verschwunden, nach Feuerland oder Venezuela, oder was weiß ich! Und ich bin da gesessen und hab den Trotteln erklären können, daß ich von nix was weiß und mit dem Herrn Brehm alles machen tät, wann ich ihn in die Finger krieg, aber ganz bestimmt keinen Film! Dafür könnt ich dir heut noch ...

TRAINER: Das bringt doch nix, Kurtl. Bleib ruhig.

KURT (laut): Weißt, was der Bertl gmacht hat beim Film?

TRASH: Nein. Und wir wollen es auch garnicht wissen. Wir verzetteln uns.

KURTL (laut): Ich werd dir sagen, was er war beim Film: Verkäufer in der *Videothek 2000* in der Ettenreichgassen. Diese Träne!

BERTL: Falsch. Dieffenbachgasse.

KURT: Halt die Goschen, Bertl, bevor ich mich vergiß! Aber genau das ist sein Schmäh, und die Nummer zieht er durch seit 30 Jahr: Welt-Tournee. Adressenbüro. Filmkarriere. Aber jetzt bist endlich einmal so richtig auf die Pappen gfallen, gelt?!

TRASH: Ich würde die Herren ganz allgemein um mehr Gesprächsdisziplin bitten, und den Herrn Brehm, uns nun von den Vorfällen am 5.1. zu berichten, als Frau Sarah Resch am Morgen telefonisch mit ihm in Kontakt getreten ist.

BERTL: Das ... das war der schwärzeste Tag meines Lebens. Ohne Übertreibung. In Allerherrgottsfrüh, ich lieg noch im Bett, ruft die Sarah an ... Apropos: wo is die Kleine eigentlich?

TRAINER: Auf der Polizei.

BERTL: Polizei? Wozu?!

TRASH: Herr Brehm, bitte. Wir wollen hier nicht überwintern.

BERTL: Nein? Tät Ihnen aber sicher nicht schaden. Teintmäßig.

KURTL: Du bist ned zum Schmähführen da, Bertl. Also red endlich!

BERTL: Die Gschicht hat schon blöd angfangen, weil die Sonja am Apparat war, wie die Sarah angerufen hat. Und die Sonja is wahnsinnig eifersüchtig. Rassig, heißblütig, weißt eh. Aber von einer Eifersucht, sowas kennt man in unseren Breiten garned.

TRAINER: Wo hat dich die Sarah an diesem Morgen eigentlich erreicht? Im Haus der Sybille List?

BERTL: Wo denn sonst? Ich hätt zwar schon am 1. Jänner ausziehen sollen, aber find auf der Insel mitten in der Hauptsaison ein standesgemäßes Quartier. Keine Chance. Also hab ich halt ein paar Tag überzogen. Man will so einem jungen Haserl ja auch was bieten. Einen Komfort, ein bißl einen Lifestyle. Ich mein: Soll ich mit der Sonja ins Hotel gehen?

KURTL: Geht mich ja nix an, Bertl. Aber das Haus von der Ex-Freundin ist vielleicht auch nicht die optimale Adresse für so ein junges Glück ...

BERTL: Im nachhinein sind immer alle gscheiter, Kurti. Ich hab es zu dem Zeitpunkt nicht besser gewußt. Und ich war außerdem wahnsinnig unter Druck. Der Steffen und seine russischen Kameraden wollten auf die Baustelle. Wann die Russen einsteigen, hat der Steffen gesagt, will er sofort die Kaufverträge und mit seiner Betriebsgesellschaft losschlagen. Ich war natürlich überfordert. Ich hab nie damit gerechnet, daß es die Typen so gnädig haben mit dem *Aphrodite Resort*. Von meiner Seite her war das ja im Grunde nur eine Idee ...

KURT: Für die dieser Steffen aber bereits eine Viertelmillion hingelegt hat, in der Hoffnung, über dich rasch an die

Arabervilla heranzukommen. Was hast du ihm noch so alles versprochen?

BERTL: Nix Konkretes. Daß ich meine Connections ausspielen werd, wenns mit dem Bürgermeister und den Behörden irgendwelche Bröseln (*Probleme, Anm.d.D.*) geben sollte, weil so ein Etablisement mitten im Erholungsgebiet is natürlich kommunalpolitisch eine heikle Gschicht.

TRASH: Können wir davon ausgehen, daß die von Ihnen angesprochenen Verbindungen zu Lokalpolitikern und Behörden ebenso wenig existieren wie der zuvor erwähnte Vorvertrag, Herr Brehm?

BERTL: Das kann man so ned sagen. Natürlich hab ich meine Verbindungen ...

TRAINER: Natürlich. Aber keinen Zutritt zu der Baustelle. Und deshalb sollte die Sarah mitkommen und diesen Steffen mitsamt seiner russischen Handelsdelegation hinhalten, bis du das Tor mit einem Eisenzangl aufgebrochen hast.

BERTL: Die Sarah is ein fesches Kind, keine Frage, und sie hat Charme, Umgangsformen. Wannst bei einem so wichtigen Termin mit einer solchen Assistentin einreitest, dann bist automatisch vorn. Das bringt Punkte. Rein psychologisch. Nur leider is die Sarah dann gfallen, war bewußtlos und hat sich die Hand gebrochen. Einerseits natürlich Scheiße. Aber es war auch Glück im Unglück, wie man sagt.

KURTL: Inwiefern?

BERTL: Naja. Der Steffen, sein Bugl (*Gehilfe, Anm.d.D.*) und die rote Wanda haben mich ganz schön an den Eiern ghabt wegen dem Vorvertrag. Die wollten alles schwarz auf weiß. Knallhart. Und durch den Unfall von der Sarah hab ich natürlich Zeit gewonnen. Leider nicht genug. Vielleicht wär sich alles noch irgendwie ausgegangen, wenn nicht auch noch das mit der Sonia passiert wär.

TRAINER: Moment. Du hast die Sarah also ins Krankenhaus gebracht ...

BERTL: Nach La Laguna. Ja. In ihrem Mietwagen, weil in

meinem Wagen war nicht genug Platz. Da hab ich meine ganzen Sachen drinnen. Für den Fall des Falles. Und genau der is eingetreten. In voller Härte. Es war die Hölle. Ich fahr vom Spital nach Haus, die Sonja is immer noch giftig wegen dem Anruf von der Sarah. „Wer ist diese Frau? Was will sie von dir?“ Die übliche Platte. Typisch Weiber. Endlich hab ich sie so weit, daß sie dir euren Mietwagen zurückbringt, Kurti, und auch gleich meinen Indianer abholt aus eurem Bungalow ...

KURT: Warum die Sonja? Warum nicht du persönlich?

BERTL: Willst das wirklich wissen, Kurti?

TRASH: Will er nicht. Unser Freund Kurt weiß ziemlich genau, wie sehr Ihnen an einem Wiedersehen mit ihrem alten Schulfreund gelegen ist. Tatsache ist jedenfalls, daß Ihr Fräulein Sonja weder den Mietwagen hierhergefahren, noch diese Statue von Regengott Tlaloc abgeholt hat.

BERTL: Natürlich nicht. Weil plötzlich die Sybille im Zimmer gestanden ist. Weiß wie die Wand wars vor Zorn. Und quasi zur Salzsäule erstarrt, wie sie die Sonja gesehen hat, die in dem Moment eigentlich nur ihre Jeanshose angehabt hat und sonst nix. Es war, wie gesagt, die Hölle. Die zwei Frauen sind zuerst auf mich und dann aufeinander losgegangen. Wie die Furien. Ich hab sowas noch nicht erlebt. Unpackbar, was die Eifersucht aus den Frauen macht. Sie werden zu reißenden Bestien. Und es regiert nur noch der blinde Haß.

TRAINER (triumphierend): Na, was hab ich von Anfang an gsagt?!

KURTL: Was hast du von Anfang an gsagt, Trainer?

TRAINER: Ein Eifersuchtsdrama! Hat die Sonja eigentlich gewußt, daß du mit der Sybille, also ihrer Chefin, ein längeres Verhältnis gehabt hast?

BERTL: Nicht direkt. Nicht von mir.

KURT (leise): Großartig.

TRASH: Im Haus der Frau List kommt es also zu einer heftigen Auseinandersetzung, die wie endet, Herr Brehm?

BERTL: Die Sybille in ihrer Rage holt plötzlich mit ihrem

Alukoffer, dens immer bei ihren Geschäftsreisen mit dabei hat, zu einem Schlag aus. Ich weiß bis heut nicht, wem der gegolten hat. Ich zieh jedenfalls den Kopf ein, aber die Sonja nicht, die brüllt und kreischt weiter, und der Koffer trifft sie voll im Gnack (*Genick, Anm.d.D.*), und sie fallt um und rührt sich nimmer. Liegt da, mitten im Zimmer, und ist tot. Sobald die Sybille registriert hat, was passiert ist, wird sie ganz ruhig und schafft mir an, was ich tun soll. Und ich tu alles, was sie sagt. Unter Schock. Wie ein Roboter. Ich pack die Sonja in ein großes Badetüchl und in der Sarah ihren Mietwagen, und dann fahren die Sybille und ich hinauf in die Berge und kurz nach Tres Pinas laden wir sie aus, und sie kugelt die Böschung runter in den Wald und danach will die Sybille unbedingt was essen, aber plötzlich wird ihr ganz schlecht und kurz vor Puerto de la Cruz muß ich stehenbleiben und sie kotzt aus dem Fenster wie ein Reiher ...

TRASH: Frau List ist, nehme ich an, tags darauf abgereist?

BERTL: Die sitzt wieder daheim in Regensburg, ganz genau, und ich sitz da – bis zum Hals in der Scheiße.

KURT: Sie hat übrigens im Auto ihre Banane vergessen.

BERTL: Banane? Ahso. Ihr deppertes Umhängtaschl, ich weiß. Das soll ich jetzt finden und verschwinden lassen. Weil ich mitverantwortlich bin an dem ganzen Unglück. Sagt die Sybille. Kommt unangekündigt daher, verliert die Kontrolle, und ich bin *mitverantwortlich*! Ein Wahnsinn ...

KURT: Die Banane hängt eine Tür weiter drinnen im Bad.

BERTL: Ich kann dir garned sagen, wie wurscht mir das Taschl is, Kurti. Ich hab momentan ganz andere Sorgen.

TRAINER: Mit dem Herrn Steffen?

BERTL: Der wollt plötzlich seine Geschäftsbeziehungen zu mir abbrechen und sein ganzes Geld zurück ...

TRASH: Was man dem guten Mann angesichts der von Ihrer Seite nicht erbrachten Leistungen aber nicht wirklich verübeln kann, Herr Brehm.

BERTL: Aber ein bißl eine Fairneß muß man erwarten können. Was der Steffen wollt, is sonnenklar: Der wollt mich draußen haben aus dem *Aphrodite*-Projekt und die Sache allein mit seiner Russen-Partie durchziehen ...

KURT: Und dem Waschek.

BERTL: Wer sagt das?

TRASH: Seine trauernde Witwe. Er hat noch kurz vor seinem Ableben die eine oder andere Million in das Projekt investiert.

BERTL: Der Walter? Und warum hat er mir nix davon gesagt?

KURT: Hast du ihm auf die Nase gebunden, daß du ihn um zwei Mille erleichtern willst, Bertl? Wahrscheinlich ist das bei Wirtschaftstreibenden euren Kalibers so üblich, daß man seinen Partner ablinkt (*betrügt, Anm.d.D.*), wos nur geht. Apropos: Der Steffen wollte also seine 250.000 zurück ...

BERTL: Plus Zinsen! Und weil ich die Marie natürlich nicht zur Gänze flüssig gehabt hab, hat er mich mit der wahnsinnigen Wodkadrossel oben auf der Baustelle allein gelassen. Ehrlich, Kurti: So eine Nacht mit dem Weibsbild, die wünsch ich nicht einmal meinem ärgsten Feind. Was soll ich euch sagen: Nach drei Stunden hab ich ihr alles versprochen. Alles. Wanns nur endlich aufhört.

TRASH: Aufhört womit?

BERTL: Darüber möchte ich nicht sprechen.

TRAINER: Gib uns ein Stichwort, Bertl, einen Anhaltspunkt.

BERTL: Kitzelt hat sie mich bestimmt nicht, das kannst mir glauben.

KURT: Verstehe. Aber laß mich raten, wies weitergeht. Ich tät sagen: Die russische Massage hat dich dermaßen in Fahrt gebracht, daß du deinen Freunden vom Syndikat auch lang und breit von deinem großen Waschek-Coup erzählt hast. Und die haben daraufhin beschlossen, auch dieses Geschäft ohne dich zu machen. Immerhin zwei Millionen von jemand, der garantiert nicht die Polizei einschalten wird. Eine schnell verdiente Marie, die der junge Mann vom Botendienst einfach nur oben am Teide abholen mußte. Richtig?

BERTL: So zirka. Aber daran siehst du, Kurti, was die Typen für einen Charakter haben. Die schrecken nicht einmal davor zurück, hinterrücks den eigenen Geschäftspartner zu erpressen! Und wenn die Geldübergabe nicht reibungslos über die Bühne geht, hat der Steffen in der Früh gesagt, dann werd ich den heutigen Tag nicht überleben. Ich sags ganz ehrlich: Eigentlich hab ich eine Scheißangst.

TRASH: Durchaus verständlich. Sieht wirklich nicht gut aus.

Unten läutet es Sturm. Wir warten und schweigen. Dann hämmern Fäuste gegen die Eingangstür.

47

„Ich geh schon“, sage ich, da weder Trainer noch Trash Anstalten machen, die Strapaz des mühevollen Abstiegs hinunter an die Haustür auf sich zu nehmen. Und der Bertl ist überhaupt zu vergessen. Er stammelt was von Exekutionskommando und schnorrt sich vom Trainer die zirka siebzigste Marlboro.

„Das wird die Sarah sein“, beschwichtigt ihn der Trainer.

„Hat wahrscheinlich wieder ihre Schlüssel verloren“, vermutet der Doc, dem eine Unterbrechung des Gesprächs gerade jetzt garnicht gefällt.

Frau Ilse hat Sarah vorhin vor der Polizeistation abgesetzt. Dort sollte sie endlich ihre Aussage machen, in blonder Unschuld die dramatische Geschichte ihrer Bergwanderung mit unzureichender Ausrüstung schildern, auf daß unserer morgigen Heimreise nichts mehr im Wege steht.

Aber als ich ganz und gar arglos die Tür des Bungalows öffne, erwartet mich nicht Sarahs sonniges Lächeln, sondern die eisigen Mienen von Gomez und Alvarez. Die Ermittlungszwillinge sehen heute noch finsterer drein als bei ihrem letzten Auftritt. Und sie wollen erst garnicht ins Haus. Sie wollen, daß ich mitkomme. Und zwar sofort.

„Was soll das werden?“ frage ich leise. Dann werde ich ganz furchtbar laut, in der leisen Hoffnung, daß Trainer & Trash oben in der Schlafzimmer-Zentrale mitkriegen, was hier herunten an der Tür gespielt wird. Nämlich nichts. Die beiden Bullen meinen es bitter ernst.

„Ist das eine Verhaftung? Und wenn ja, würde ich gern den Grund wissen!“ plärre ich in einer Lautstärke, die theoretisch die gesamte Nachbarschaft aus dem Siesta-Koma zurück in die Härte des kanarischen Alltags holen müßte.

Aber nichts.

Gomez (heute mit blau-rot gestreiftem Schlips) und Alvarez (mit einem goldenen Seepferdchen auf tiefseeblauem Untergrund) bellen, deutlich leiser als ich, eine knappe Antwort, mit der ich nur leider nichts anfangen kann. Dann hat mich Gomez auch schon am rechten Oberarm und zieht mich ins Freie.

„ Also eine Verhaftung, ja oder nein?!“, ersuche ich die beiden Ermittler in extremer Lautstärke um Klärung des Sachverhalts.

Während einer der beiden Krimineser, ich glaube, es ist Alvarez, der mit dem Seepferdchen, energisch den Kopf schüttelt, bleibt es hinter mir im Bungalow totenstill. Kein Trainer, der seine von zu viel Sonne und Tekkno gemarterten Knochen in Bewegung setzt, um mir Beistand zu leisten; und kein Doktor Trash, der die direkte Konfrontation mit der kanarischen Exekutive ebenso scheut wie Freund Bertl, obwohl der Doc nichts zu befürchten hätte, außer vielleicht die behördliche Aufforderung, sich schleunigst ein eigenes Quartier zu suchen, für das er auch zu bezahlen gedenkt.

Meine beiden Helfer kleben also oben in meinem einstigen Schlafzimmer vor dem Computer und kommen mir nicht zu Hilfe, als mich Gomez und Alvarez durch die Anlage zu ihrem zivilen Einsatzfahrzeug eskortieren, wo ich mich auf der schmalen Rückbank einparken darf – nicht verhaftet zwar, falls ich das Kopfschütteln des Seepferdchens richtig gedeutet habe, aber dafür schmählich im Stich gelassen von meinen sogenannten Freunden und außerdem alles andere als Herr der Lage.

In solchen Situationen, die bei einem anderen Menschenschlag Herzrasen, galoppierenden Puls, rote Flecken im Gesicht und folgenschwere, panische Überreaktionen auslösen, tendiere ich eher dazu, beruhigend auf mich und meine Umwelt einzureden – mit sanfter Stimme all das in Worte oder ganze Sätze zu fassen, was mir so durch den Kopf geht.

Sarah, zum Beispiel.

Gomez tritt den Seat durch die menschenleeren, in der unerbittlichen Nachmittagssonne flirrenden Straßen, und ich höre mir dabei zu, wie ich meine beiden Entführer über die Unvereinbarkeit von Touren durch unwegsames Gelände und der leichten Sandale bzw. dem gemeinen Badeschlapfen aufkläre. Die Frau Resch, ein junger Mensch und diesbezüglich noch recht unerfahren, hat am eigenen Leib erfahren müssen, wozu unzureichendes Schuhwerk in den Bergen führen kann, und sitzt jetzt, während wir die letzten Hotelbaustellen hinter uns lassen und dem Landesinneren zustreben, zerknirscht in der Wachstube und wartet darauf, für ihre Legende vom gebrochenen Arm und dem verlorenen Schlüsselbund endlich ein kompetentes Publikum zu finden. Aber was machen Gomez und Alvarez? Anstatt Sarah ihr Ohr zu leihen, verschleppen sie mich in die Berge, von denen ich heute, seit dem frühen Morgengrauen, schon genug gesehen hab.

„Und außerdem", sage ich, „geht morgen unser Flieger, heim nach Österreich, und den werden wir uns auf keinen Fall entgehen lassen. Freitag, der Dreizehnte. Das ist mein

Glückstag. Da ist endlich Schluß mit Mord, Erpressung, dem Syndikat, dem Bertl und überhaupt ..."

Ich meine, und das sage ich Gomez und Alvarez auch in aller Deutlichkeit: Wir, also unsere kleine österreichische Reisegruppe, hat heute unter dem Einsatz ihres Lebens mehr Kapitalverbrechen verhindert, als auf dieser Insel im langjährigen Schnitt verübt werden. Während die Exekutive Falschgeld-Amateuren, besoffenen Amokfahrern und tunesischen Einschleichdieben nachstellt, haben wir einen Millionen-Erpresser aus dem Sattel seiner *Triumph* gehoben, einen glücklosen Glücksritter aus den Fängen eines internationalen Gangster-Syndikats befreit und im Zuge dessen eine, wenn nicht mordlüsterne, dann zumindest schwer sadistische Agentin des ehemaligen sowjetischen Geheimdienstes für mindestens zehn Minuten kampfunfähig gemacht. Und außerdem waren wir eben dabei, restlos den Mord oder Totschlag an der unbekannten Frau aus den Wäldern von Tres Pinas aufzuklären, als man mich ohne Vorwarnung und Beistand eines Dolmetschers entführt und in den Fond dieses Polizeifahrzeugs verladen hat.

Das Seepferdchen nickt beipflichtend.

Gomez nickt nicht. Er hetzt den Seat die Serpentinen hinauf, als ginge es hier um Sport und Spiel, den Tagessieg und die Bergwertung.

Ich habe keine Lust, sage ich meinen beiden Piloten, hier und heute den Beifahrertod zu sterben. Auch mag ich den Angstschweiß nicht, der mir in leisen Bächen den Rücken runterrinnt, wenn ich aus dem Fenster blicke. Eigentlich mag ich umgehend zurück in den Bugalow, denn dort werden jetzt all die Dinge besprochen, die mir diesen Urlaub so richtig nach Strich und Faden versaut haben. Und die will ich jetzt viel dringender hören, live und original aus Bertls Mund, als das Quietschen der Reifen, wenn Gomez noch eine Haarnadelkurve auf der linken Fahrbahnhälfte nimmt, so als wäre die Straße hinauf nach Vilaflor seine private Rennstrecke.

Ich will das alles nicht. Und deshalb fahre ich ihn an: „Wo ist Elvira? Ich will sofort mit Elvira sprechen!"

Alvarez zupft an seinem Seepferdchen, und Gomez nimmt die rechte Hand vom Lenkrad, um mit mit seinem Zeigefinger in den blaßblauen Himmel zu zeigen.

„Elvira", sagt er.

„Im Himmel?" frage ich.

„Si", sagt er.

„Tot, oder was?"

„Si."

„Aber wieso?"

Ich bin tief erschüttert. Ist es der Angstschweiß, oder sind es die Tränen, die mir so stark in den Augen brennen, daß ich sie für den Rest dieser Höllenfahrt schließen muß? Jedenfalls hänge ich schweigend in der Polsterung, gedenke meiner verstorbenen Dolmetscherin und begrabe mit ihr meine einzige und letzte Hoffnung, morgen planmäßig in die Heimat zurückzukehren.

48

Zehn Minuten später ist Elvira wieder springlebendig.

„Herr Ostbahn", sagt sie und drückt mir energisch die Hand. „Kommen Sie bitte mit mir."

„Was ist passiert?" frage ich.

Wir stehen einander in der Eingangshalle des Waschek-Palasts gegenüber. Ein uniformierter Beamter hat sich in der Tür aufgebaut und schaut, die rechte Hand am Griff seiner Dienstpistole abgestützt, mit steinerner Miene über die Wipfel der Pinien hinauf in vulkanische Höhen.

„Gehts Ihnen eh gut? Ist was mit der Frau Waschek?"

„Bitte", sagt Elvira und läßt mir den Vortritt. „Frau Waschek ist im Salon. Ich nehme an, Sie kennen den Weg."

Ihr Blick sagt mir, daß sie das nicht nur annimmt, sondern

ganz genau weiß. Und er sagt mir noch was: Irgendwas ist vorgefallen, das mir bei ihr ganz viele Sympathiepunkte gekostet hat.

Sehr heikel.

Die Euphorie der ersten Tageshälfte ist endgültig dahin. Am Vormittag noch ein Held, und nur ein paar Stunden später ein von nagender Ungewißheit gequältes Opfer polizeilicher Willkür. Müde, durstig und verschwitzt betrete ich Ilse Waschecks vollklimatisiertes Refugium mit dem dringenden Bedürfnis nach Ruhe, einem kühlen Bier, einer kalten Dusche (egal in welcher Reihenfolge) und einer Überraschung, bei der sich das Böse möglichst in Grenzen hält.

Daß mich in dem beigen Salon diesmal keine Annehmlichkeiten erwarten, wird mir mit jedem Schritt, den ich auf die weiße Flügeltür zu mache, immer klarer. Aber ich will kein Blut sehen, und schon garnicht das von Frau Ilse.

Es ist wie vor ein paar Tagen im Krankenhaus. Angst und Panik schnüren mir Brust und Kehle zu, und hinter meinem Rücken wird unterdessen angeregt palavert. Elvira und die Zwillinge plaudern über Gott, die Welt und die Waschecks. Daß es in ihrem Gespräch mehrheitlich um die Waschecks geht, kann ich mit absoluter Sicherheit sagen. Wascheck ist das einzige Wort, das ich verstehe, und es fällt immer wieder.

Ich betrete den beigen Salon, schau mich um und fühle mich gleich viel besser.

Frau Ilse ist nicht tot. Aber sie sieht auch nicht wirklich lebendig aus. Eine von zuviel Gram und Leid zu einem grauen Häufchen Elend geschrumpfte Witwe, die auf dem monströsen Sofa völlig verloren wirkt. Als sie mich sieht, kommt etwas Leben in ihre Augen. Ein nervöses Flackern. Und ihre Mundwinkel zeigen plötzlich nach oben. Der ruckartige Versuch eines verzweifelten Lächelns.

„Hallo“, sagt Frau Ilse schwach.

„Hallo“, sage ich schwach zurück, und Elvira, Gomez und

Alvarez lassen uns von diesem Moment an nicht mehr aus den Augen.

„Es ist schrecklich", sagt Frau Ilse und schüttelt fassungslos den Kopf.

„Was ist schrecklich?" sage ich.

„Wir wissen es nicht", meint Elvira, „und deshalb sind wir hier zusammengekommen."

„Der Manuel ... Ich verstehs einfach nicht", sagt Frau Ilse und schüttelt wieder den Kopf.

„Welcher Manuel? Und was hat er gemacht?" wende ich mich zwar nicht händeringend, aber doch einigermaßen ratlos an die Anwesenden.

„Sie kennen Manuel Escovedo?" fragt Elvira.

„Also, wenn Sie mich so fragen ...", sage ich.

„Aber er kennt Sie, Señor Ostbahn", sagt Elvira. „Er sagt, Sie sind in ihrer Heimat Österreich ähnlich populär wie Julio Iglesias hier in Spanien. Und er sagt weiters, er hat sie in jener Nacht, als Señor Waschek in seinem Büro erschossen wurde, in Begleitung von Doña Waschek vor dem Haus der *WW Enterprises* gesehen. Er ist sich ganz sicher, sagt er, denn er hat sich ihr Gesicht ganz genau eingeprägt, als sie das erste Mal an die *Oasis*-Poolbar gekommen sind und dort die Bekanntschaft von Doña Waschek gemacht haben. Man hat nicht jeden Tag so prominente Gäste, sagt er. Und gegen 21 Uhr 45, also zirka eine Stunde, nachdem er seinem Chef die Tageslosung ins Büro gebracht hat, ist er auf dem Weg zu einer Verabredung mit seinem Mofa am Büro vorbeigefahren, und hat dort Sie, Señor Ostbahn, und Dona Waschek gesehen. Er sagt, sie beide hätten aufgeregt miteinander gesprochen. Kann das sein? Und wenn ja, warum haben Sie uns nicht umgehend darüber informiert, daß Sie in der Mordnacht am Tatort oder zumindest ganz in der Nähe waren?"

„Schön langsam", sage ich, „immer alles der Reihe nach."

Frau Ilse hängt an meinen Lippen. Anscheinend hat ihr die hartherzige Elvira vor meinem Eintreffen ganz ähnliche Fragen gestellt, und nur eine falsche Antwort meinerseits hätte jetzt einen Rattenschwanz an Zores zur Folge.

„Natürlich kenne ich den Manuel", sage ich. „Ein zuvorkommender junger Mann und kompetenter Barmann. Arbeitet, wie Sie richtig sagen, in der *Oasis*-Poolbar. Oder besser: Hat dort gearbeitet. Denn wie mir Frau Waschek erzählt hat, wurde er von Ihnen verhaftet. Er soll den Herrn Waschek umgebracht haben. Also wenn Sie mich fragen, ist der Verdacht in keiner Weise begründet. Warum sollte der Manuel seinen Chef umbringen? Wo ist das Motiv? Also ich würde vorschlagen: Lassen Sie den Buben frei und konzentrieren Sie sich bei Ihren Nachforschungen auf die Geschäftspartner des verstorbenen Herrn Waschek. Diesbezüglich kann ich Ihnen nur leider keine allzu große Hilfe sein, weil ich den Ermordeten nur sehr flüchtig gekannt hab, und da auch nur als Privatmann, aber es gibt ja schließlich sein Büro und hunderttausend Unterlagen, die wichtige Hinweise enthalten könnten. Eine Mordshacken, sich da durchzuarbeiten, das ist mir schon klar, aber ich könnte mir vorstellen ..."

„Señor Ostbahn", fällt mir Elvira forsch ins Wort, „ich habe Sie nicht um ihre Meinung gefragt, sondern um eine präzise Auskunft gebeten!"

„Das ist richtig. Aber es wird doch auch nicht verboten sein, eine paar kleine Anregungen zu geben. Oder seh ich das falsch?"

Elvira knirscht mit den Zähnen. Gomez und Alvarez wollen den Grund dafür wissen, und so hebt Elvira zur Übersetzung meiner Ausführungen an. Das bringt mir wichtige Zehntelsekunden.

Natürlich weiß ich, daß weder ich noch Frau Ilse den Waschek erschossen haben. Was ich aber nicht weiß ist, warum uns der fröhliche Barmann plötzlich in die Geschichte hineinziehen will. Egal, ob er den Waschek auf dem Gewissen hat oder nicht, warum bringt er ausgerechnet seine Chefin, die – soweit ich das beurteilen kann – dem jungen Mitarbeiter durchaus wohlgesonnen ist, sowie einen harmlosen Urlauber wie mich als Verdächtige ins Spiel?

Frau Ilse fixiert ihre rechte Kniescheibe. Zeige- und Mittelfinger spazieren nervös auf und ab. Dann nickt Frau Ilse bedächtig mit dem Kopf. Die Finger beenden ihren Spaziergang und greifen nach den Zigaretten und dem Feuerzeug auf dem Rauchtischchen.

Elvira und die Zwillinge sind zu sehr mit dem Enträtseln meiner Aussage beschäftigt, um Frau Ilses stumme Botschaft zu bemerken.

„Señor Ostbahn“, eröffnet Elvira die nächste Runde, während Gomez und Alvarez finsteren Blicks auf unsere Reaktionen warten. „Würden Sie mich und meinen Kollegen Alvarez hinaus in die Halle begleiten?

„Mit Vergnügen“, sage ich und will aufstehen.

„Einen Augenblick“, sagt Elvira, und Gomez deutet mir, Platz zu behalten. „Zuvor noch einmal meine Frage: Waren Sie und Doña Waschek gegen 21 Uhr 45 vor oder in dem Haus, in dem Señor Waschek ermordet wurde?“

„Lassen Sie es mich so sagen“, sage ich. „Es ist durchaus möglich, daß ich und Frau Waschek zu besagtem Zeitpunkt am Haus der *WW Enterprises* vorbeigekommen sind. Wir waren an diesem Abend auf einem längeren Spaziergang, und Frau Waschek hat mir, wenn ich mich recht erinnere, einige Sehenswürdigkeiten gezeigt.“

„Sehenswürdigkeiten?“ Elvira zieht die Augenbrauen hoch.

„Sehenswürdigkeiten, ja. Im weitesten Sinn.“

„Objekte“, kommt mir Frau Ilse endlich zu Hilfe. „Den Gebäudekomplex unten an der Promenade zum Beispiel, wo der Walter, mein seliger Mann, ein zweites Steakhouse eröffnen wollte.“

„Zum Beispiel. Das Steakhouse an der Promenade“, bestätige ich, vielleicht eine Spur zu eilig, um dann schleunigst in die Offensive zu gehen. „Aber was ich Sie fragen wollte: ein Punkt in der Aussage dieses Manuel ist mir unklar.“

„Ja? Fragen Sie."

„Er behauptet, mit dem Mofa am Waschek-Haus vorbeigefahren zu sein. Gut. Dabei will er beobachtet haben, wie Frau Waschek und ich aufgeregt miteinander gesprochen haben. Richtig?"

„Richtig. So lautet seine Aussage. Worauf wollen Sie hinaus?"

„Wenn Sie nachts, kurz vor zehn, mit einem Mofa die Straße vor dem Waschek-Büro entlangfahren, reicht die Straßenbeleuchtung vielleicht gerade noch aus, um einen Arsch von einem Arschgesicht unterscheiden zu können. Aber es ist viel zu dunkel, um, noch dazu bei voller Fahrt, beurteilen zu können, ob sich zwei Menschen auf dem Bürgersteig aufgeregt oder bloß angeregt miteinander unterhalten."

Elvira nickt lang und stumm. Dann bringt sie die Zwillinge auf den letzten Stand. Frau Ilse schenkt mir unterdessen das erste nicht völlig verzweifelte Lächeln dieses Nachmittags. Und hinter dem blaugrauen Schleier ihres Zigarettenqualms sehen ihre Züge auch nicht mehr ganz so hart und vom Exilantenleben gezeichnet aus.

„Wie schauts aus? Plaudern wir draußen in der Halle weiter?" frage ich Elvira aufgeräumt und stehe auf, als sie ihre Beratungen mit Gomez und Alvarez beendet hat.

„Das hat sich erübrigt, Señor Ostbahn", sagt Elvira, „aber wir bringen Sie gern wieder zurück zu ihrem Domizil."

„Vielen Dank. Aber ich werde Herrn Ostbahn bitten, mich etwas später in meinem Wagen hinunter in die Stadt zu bringen. Ich fühle mich angesichts der ganzen Aufregungen im Augenblick nicht wohl", sagt Frau Ilse und geleitet gemessenen Schrittes das Ermittler-Trio hinaus.

Als sie wiederkommt, sind Kummer und Falten weitgehend verflogen. Eine atemberaubend rapide Verwandlung. Oscar-reif, würde ich sagen. Aber zu meiner Bewunderung für Frau Ilses schauspielerisches Talent gesellt sich ein leises nagendes Unbehagen.

Draußen vor dem Haus werden die Motoren der Einsatzfahrzeuge angeworfen, da fällt mir Frau Ilse auch schon um den Hals und drückt mir ein Dutzend feuchter Küsse auf Mund und Wangen.

„Kurtl", keucht sie. „Du warst unglaublich! Ich weiß garnicht, wie ich dir danken kann!"

Mir fallen auf der Stelle vier Dinge ein: das kühle Bier, das bißchen Ruhe und die kalte Dusche von vorhin; neu hinzu kommt das dringende Bedürfnis, von ihr endlich die ganze Wahrheit zu erfahren.

Über Frau Ilse und die Männer. Über Ehemann Walter, Barmann Manuel, Tennispartner Bertl und eine Urlaubsbekanntschaft mit Namen Kurt.

„Auch einen?" strahlt mich Frau Ilse an. Sie fischt eine Flasche Gin aus dem Meer an Spirituosen auf dem Stummen Diener. „Ich würd sagen, heute haben wir uns ein gutes Schluckerl mehr als verdient."

Ich sage nicht nein.

Frau Ilse gießt zwei Elfstöckige in die Kristallgläser und macht sich damit auf den Weg in die Küche, um den Drinks mit einem Schuß Tonic die übermäßige Härte zu nehmen.

Als sie auf goldenen Pantoffeln und mit keck wippendem Hinterteil den beigen Salon verläßt, dreht sie den Kopf zu mir um, schenkt mir ein Lächeln, als hätte es in ihrem Leben nie ein Problem namens Waschek gegeben, und meint: „Die Drinks kommen sofort. Und danach gibts was zum Naschen."

„Fein", sage ich.

Dabei hab ich jetzt gar keinen Appetit.

49

Der Jakuzzi im Garten des Waschek-Palasts dürfte ein ganz besonderer Ort sein. Ein Spielplatz der Vulkangötter, vielleicht das Kinderfreibad ihrer Kleinen. Oder es liegt einfach an mir, an meiner ewigen Sehnsucht nach einer eigenen Badewanne und an dem einschneidenden, geradezu visionären Erlebnis, das sich in der Wanne einer gewissen Elfi Tomschik in ihrer Wohnung in der Florianigasse zugetragen hat, vor gut einem Jahr, und das letztendlich zur Ergreifung des *Schlächters von Sechshaus* geführt hat. Wie auch immer: Der Jakuzzi im Waschek-Garten ist Schauplatz eines Phänomens, das ich an mir bislang nicht beobachten konnte.

Ich träume in Fortsetzungen.

Ich träume die zweite und letzte Folge eines Zweiteilers, dessen erster Teil, wir erinnern uns, das Waschek-Begräbnis in einem kanarischen Graceland zum Inhalt hatte, sowie – nach Beendigung der Trauerfeierlichkeiten – eine höchst vergnügliche Spritztour an Bord eines schwarzen, sechstürigen Mercedes, dessen Fond sich im Laufe der Fahrt zu einer Spielwiese auswachsen sollte, auf der Frau Ilse und ich unseren erotischen Erfahrungsschatz austauschten, während uns Barmann Manuel, mit steinerner Miene und in adretter Chauffeur-Uniform, durch die Landschaft kutschierte.

Als ich mir vom sprudelnden handwarmen Naß des Jakuzzi meinen gemarterten Körper verwöhnen lasse und dabei sanft in Morpheus' Arme gleite, ist die traumhafte Landpartie wieder in meinem Kopf. Und nach einem Blick auf den Bordmonitor, der das schwarzweiße Testbild zeigt, ein Relikt aus längst vergangenen Fernsehtagen, schwenkt die Traumkamera zum Wagenfenster und hinaus auf eine Steinwüste, soweit das Auge reicht. Turmhohe Kakteen, die lange Schatten werfen, Schatten, die aussehen wie Segelflieger oder umgestürzte Kreuze. Ein Friedhof für Riesen, aufgelassen vor einer Ewigkeit. Das Land da draußen ist von der Sonne versengt, dürr und tot. Die Hitze knallt gegen die Scheiben, aber mir ist kalt. Meine Finger und Zehen werden taub vor Kälte, und ich weiß, wenn ich noch länger aus dem Fenster starre, in diese Hitze und Leere, wird mir das Blut in den Adern zu Klumpen gefrieren.

Kein schöner Tod, in einer rollenden Tiefkühltruhe zu erfrieren, während die schwarze Witwe neben dir die Jacke ihres Kleinen Schwarzen aufknöpft und sich mit einem lackschwarzen Fächer Luft zufächert.

Frau Ilse leidet offensichtlich nicht unter der sich uns bietenden Aussicht. Sie ist das pralle Leben. Dampfend und heiß. Kleine Schweißperlen laufen über ihren Hals und ihre Brust und werden zu einem schmalen, verführerisch schimmernden Bach, der unter der schwarzen Spitze ihres Büstenhalters verschwindet. Ich strecke die Hand nach ihrem seidenbestrumpften Schenkel aus, der langsam im Takt einer Musik, die ich nicht hören kann, auf- und niederwippt. Als meine klammen Finger endlich ihr Bein berühren, ist sehr viel Zeit vergangen und ich bin erschöpft wie nach vielen Stunden harter Arbeit. Aber mit der Berührung kommt die Wärme wieder, die mir das tote Land da draußen ausgesaugt hat, und gleichzeitig beginnt sich die Landschaft zu verändern. Die turmhohen Kakteen machen Palmen und blühenden Sträuchern Platz, und als wir an einem Drachenbaum vorüberfahren, gibt Frau Ilse ihrem Chauffeur den Befehl anzuhalten. Manuel fährt rechts ran, springt aus dem Wagen und öffnet Frau Ilse beflissen den Wagenschlag. Er lächelt sein Poolbar-Lächeln, als er ihre Hand nimmt und ihr beim Aussteigen behilflich ist. Sein Lächeln wird ranzig, als ich aus der Limousine steige und Frau Ilse unter das schattenspendende Blätterdach des Drachenbaumes folge.

Ich laufe hinter ihr her und frage mich zweierlei: Wo bin ich dieser Frau schon einmal begegnet? Und was ist geschehen, nachdem ich mir damals die Frage gestellt habe, ob sie bei solchen Ausflügen immer ihr Kleines Schwarzes trägt und Stöckelschuhe mit mindestens zehn Zentimeter hohen Absätzen?

Es gab kein Happyend. Soviel weiß ich noch.

Dann kippt Frau Ilse mit dem rechten Schuh um, gerät ins Straucheln und findet das Gleichgewicht erst wieder, als ich meinen Arm um sie lege. Aber das kleine Mißgeschick blieb nicht ohne Folgen. An einem Dornenbusch riß sich Frau Ilse ein Loch in ihren Seidenstrumpf, und als wir im Schatten des Drachenbaumes auf den weichen Boden niedersinken, beklagt Frau Ilse, was mir viel Freude macht: eine Laufmasche, die von ihrer muskulösen Wade an der Rückseite ihres Oberschenkels nach oben läuft. Wo sie endet, das bleibt unter dem Rocksaum verborgen. Ein Geheimnis, das jetzt nicht gelüftet werden darf, da hilft weder Drängen noch Flehen, denn Frau Ilse hat diesen Schattenplatz nicht für ein Schäferstündchen auserkoren, sondern für ein Picknick, und ich möge mich in aller Öffentlichkeit und vor den Augen ihres Chauffeurs gefälligst nicht danebenbenehmen, sondern mich an den süßen Früchten des Drachenbaumes laben.

Keine Ahnung, was Drachenbäume für gewöhnlich an Früchten tragen, dieses Modell jedenfalls überrascht mich durch die Vielfalt seines Angebots. Da hängen Melonen, Ananas, Kokosnüsse, Pfirsiche, Granny Smith und Cocktailkirschen. Und wenn man ganz fest dran denkt, wie man seine Früchte denn gern hätte, dann fallen sie auch so von den Ästen. In Scheiben, in Spalten oder für einen Obstsalat feinwürfelig geschnitten.

Im Kühlschrank gäbe es noch eine Flasche Champagner, meint Frau Ilse und verzehrt schlürfend ein Stück Wassermelone. Nachdem ich zur Rettung ihres rechten Seidenstrumpfes nicht rechtzeitig zur Stelle war, könnte ich mich zumindest jetzt als nützlich erweisen und den Schaumwein mitsamt Gläsern aus dem Wagen holen.

Ich trabe, was ansonsten nicht einmal im Traum meine Art ist, artig durch die Hitze zurück zu dem schwarzen Ungetüm, das am Straßenrand parkt, und sehe, als ich die Tür öffnen will, Manuel hinter dem Lenkrad. Er hat sich den Lauf von Frau Ilses niedlichem Revolver in den Mund geschoben und spielt russisches Roulette.

Klick.

Manuel lächelt, den Lauf des Revolvers im Mund, zu mir hinaus und drückt noch einmal ab.

Klick.

Ich reiße die Tür zum Beifahrersitz auf und schreie was von Scheiße, daß Handfeuerwaffen in den Händen von durchgeknallten Barmännern eine verdammt lebensgefährliche Angelegenheit sind und daß man doch über alles in der Welt reden kann, als er die Waffe aus seinem Mund nimmt, mich ins Innere des Wagen zerrt und mir den Lauf des Revolvers gegen die Schläfe drückt.

Das Ding fühlt sich kalt und feucht an.

Und irgendwo draußen, im Schatten des Drachenbaumes, rollt sich unterdessen Frau Ilse den kaputten Seidenstrumpf vom Schenkel und hat gewollt, daß alles so kommt.

50

„Na, wie gehts meinem müden Krieger?“

Frau Ilses Stimme dicht neben meinem Ohr. Ich schlage die Augen auf und bin überwältigt von so viel Anblick: ein nach Art des Hauses eingeschenkter Gin Tonic, den mir die Dame desselben sanft gegen die grauen Schläfen drückt, um mich Morpheus' Armen wieder zu entreißen, und die Dame des Hauses selbst neben mir am verfliesten Rand des Jakuzzi knieend, ganz besonders fein zurechtgemacht für die Abschiedsvorstellung in einem ihrer zirka zwanzig Schlafzimmer. Sie hat ihre raffiniertesten Dessous und ihr betörendstes Parfum wohl deshalb gewählt, weil ich vorhin so absolut matt und appetitlos war.

„Ich muß mit dem Glasl in der Hand eingetunkt sein. Wie lang hab ich geschlafen?“ frage ich.

„Zwanzig Minuten. Eine halbe Stunde. Ich hab nicht auf die Uhr geschaut“, sagt Frau Ilse. „Ich war einstweilen unter der Dusche und hab mich umgezogen.“

„Nicht zu übersehen“, sage ich. „Hast du irgendwas Besonderes vor?“

„Du nicht?“ schnurrt Frau Ilse.

„Ich ... Wie soll ich sagen. Ich hab ein Problem“, sage ich.

Frau Ilse streckt den rechten Arm ins Sprudelwasser und ich spüre ihre Hand zwischen meinen Beinen.

„Du hast kein Problem. Du warst nur zu lang im kalten Wasser“, lautet ihre Diagnose und sie winkt mich aus dem Pool.

„Mental, meine ich. Und darüber sollten wir reden.“

„Mhm. Klingt interessant. Ich mag ausgefallene Sachen“, redet Frau Ilse schmunzelnd an meinem Thema vorbei, hält mir ein Badetuch hin und frottiert mich dann mehr als gründlich ab. „Warum hast du das nicht schon früher gesagt? Du bist ja sonst nicht so schüchtern.“

„Ich glaub nicht, daß wir vom Selben reden. Aber ich kanns noch nicht sicher sagen“, sage ich, während sie frottiert und frottiert und damit meine klaren Gedanken und guten Vorsätze durcheinander bringt.

„Ich werd dir was zeigen“, sagt Frau Ilse, als ich längst schon trocken bin und sie endlich mit dem Abtrocknen Schluß macht.

Sie wirft das Badetuch auf eine Sonnenliege und stöckelt dann vor mir die Stufen hinauf ins Haus. In goldenen Pantoffeln.

Was mir Frau Ilse unbedingt zeigen will, ist ein kahler Raum mit runtergelassenen schwarzen Jalousien, einem Wandschrank und einem Doppelbett mit Baldachin. Die Wände sind weiß gekalkt, auf dem Bett liegt ein schwarzer Überwurf.

„Ziemlich spartanisch. Das Gästezimmer für den ungebetenen Gast?“ frage ich und bleibe in der Tür stehen.

Frau Ilse lehnt sich an einen der vier Bettpfosten, verschränkt die Arme über dem Kopf, und in dieser Pose des wehrlosen Opfers sieht sie aus wie „Sweet Gwendoline“ direkt aus dem Gesicht gerissen. Sozusagen die zu voller Blüte herangreifte Ausgabe jener Fesselungskünstlerin, deren Comic-Abenteuer der Trainer in unzensurierten Liebhaberausgaben daheim im Regal stehen hat. Mir persönlich sind die Abenteuer von Donald und seinen Neffen ja viel lieber. Aber das ist Geschmackssache, und die steht derzeit nicht zur Debatte.

„Komm her“, sagt Frau Ilse und räkelt sich in ihren imaginären Fesseln. „Du kannst mit mir machen, was du willst.“

Ein Angebot, das ich unter anderen Umständen bestimmt nicht abgeschlagen hätte, obwohl Frau Ilse, die resche Urlaubsbekanntschaft, meine Phantasie weit mehr beflügelt als ihre Sweet-Gwendoline-Performance. Aber auch darüber und über die Frage, ob mich mein in sexuellen Belangen eher konservativer Geschmack nicht schon um viel Spaß und Freude gebracht hat, brauch ich mir jetzt nicht den Kopf zu zerbrechen. Denn jetzt ist es höchste Zeit, Frau Ilse klarzumachen, daß ich diesbezüglich keinerlei Ambitionen habe, ehe nicht diverse Unklarheiten bereinigt, diverse Verdachtsmomente ausgeräumt und mein Traum in Fortsetzungen halbwegs aufgearbeitet sind.

„Ilse“, sage ich also, „wir müssen reden.“

„Sag nix“, sagt Frau Ilse, immer noch in Handschellen, Ketten oder Stricken. „Mach mit mir alles, wozu du Lust hast.“

Sie deutet mit dem Kopf in Richtung Wandschrank. Dort drinnen würde ich schon das eine oder andere Spielzeug finden, mit dem wir einander das eine oder andere nicht ganz alltägliche Vergnügen bereiten könnten.

„Gegenvorschlag“, sage ich. „Wir setzen uns aufs Bett. Der Kasten bleibt zu. Und du erzählst, was wirklich los ist.“

„Was soll denn los sein?“ sagt Frau Ilse, und nach und nach fallen die unsichtbaren Fesseln ab. „Ich versteh nicht, was du meinst, Kurtl.“

„Okay“, sage ich. „Du setzt dich trotzdem aufs Bett, wir lassen den Kasten trotzdem zu, und ich werd reden.“

Frau Ilse setzt sich schweigend auf die Bettkante und läßt mich nicht mehr aus den Augen. Jetzt erst fällt mir auf, daß ich nackt bin. Meine Klamotten liegen draußen am Pool. Für einen heimlichen Beobachter müssen wir ein recht seltsames Paar abgeben. Die Frau in ihrer feinsten Wäsche auf dem Bett, und der Mann rennt splitternackt und aufgeregt gestikulierend vor ihr auf und ab.

„Ich glaub nicht, was ich vorhin zu den Bullen gesagt hab. Und sie brauchen den Mörder deines lieben Mannes auch nicht länger zu suchen. Weder unter seinen Geschäftspartnern noch sonstwo. Ich würd sagen, sie haben ihn. Weil nämlich tatsächlich der Manuel, dein freundlicher Barmann, seinen Chef, den Waschek, umgebracht hat.“

Frau Ilse starrt mich an, als wäre ich der erste nackte Mann in ihrem Leben.

„Der Manuel hat ihm um halb neun die Tageslosung vorbeigebracht, wie jeden Tag außer Montag, und hat ihm dann ein Loch in den Kopf geschossen. Aus nächster Distanz. Mit deinem herzigen kleinen Revolver, den du ihm zu diesem Zweck in die Hand gedrückt hast. Apropos: Ich würd das Gerät schleunigst verschwinden lassen und nicht, so wie heut am Vormittag, in der Handtasche spazieren tragen“, sage ich. Und dann sage ich, was seit Wascheks Abgang irgendwo in meinem Hinterkopf rumort hat und erst jetzt durch den Jakuzzi-Traum an die Oberfläche gespült wurde.

„Dein fröhlicher Manuel würd alles für dich tun. Denn, wie wir beide nur zu gut wissen, macht Liebe erstens blind, aber zweitens auch verdammt stark. Er hat lang zugeschaut, wie die von ihm glühend verehrte Chefin von ihrem Mann wie der letzte Dreck behandelt wird. Und er hat angefangen, den Waschek dafür zu hassen. Eines schönen Tages hast du die heißen Blicke deines Barmanns dann erwidert. Vielleicht warst du eine Zeitlang sogar wirklich in ihn verliebt. Vielleicht wars aber auch nur angenehm, so einen feschen jungen Tröster auf Abruf oder in der Nähe zu haben, bei man sich das Herz ausschütten kann, der einem nach Dienstschluß die langen Abende versüßt und den man sich, wenn man mit viel Geduld und Fingerspitzengefühl ans Werk geht, zum persönlichen Racheengel abrichten kann. Wenn man so einen jungen, heißblütigen Spund auf die richtige Fährte setzt, dann ist er nicht mehr zu bremsen.

Und diese Woche wars so weit. Da kommt zuerst der unsägliche Bertl wieder, diesmal zwar nicht persönlich, dafür aber in Form eines Erpresserbriefs. Wenn der Waschek herausgefunden hätte, daß du ihn durch dein Pantscherl mit dem Brehm-Bertl um 2 Mille gebracht hast, er hätte dich vielleicht nicht auf der Stelle erschlagen, aber die Zeiten wären garantiert noch viel, viel härter geworden. Und außerdem war da wieder einmal so ein windiges Projekt, in das der Waschek eure Ersparnisse investieren wollte. *Aphrodite Resort*. Übrigens ein Puff, oben in der Villa, wo wir heute den Bertl rausgeholt haben. Du hast gewußt, daß man den Alten mit Gutzureden nicht von seinen Schnapsideen abbringen kann. Und du hast gewußt, daß er dich nicht um Erlaubnis fragen wird. Und außerdem hast du gewußt, daß er mit dem Puff-Abenteuer eure Existenz aufs Spiel setzt.

Höchste Zeit also, daß was passiert. Und die Gelegenheit war günstig. Der Manuel, ausgerüstet mit tausend Küssen und deinem Revolver, legt bei seinem Routinebesuch im Büro den Waschek um und macht dann Feierabend. Sollte aber irgend jemand die Gattin des Opfers verdächtigen, hast du ein tadelloses Alibi an der Seite eines Urlaubers aus deiner alten Heimat, der noch dazu den Prominenten-Bonus mitbringt.

Aber es läuft nicht ganz nach Plan.

Zuerst schickt der Doc uns beide ins Büro, um den Erpresserbrief aus dem Safe zu holen. Da mußt du ziemlich Blut geschwitzt haben. Einerseits weißt du, daß dort die noch warme Leiche vom Waschek liegen wird, andererseits kannst du dem Doc und mir in deiner Situation die Idee ja unschwer ausreden, weil wir die einzigen sind, die dir aus der Erpressungsscheiße raushelfen können. Aber deine Vorstellung dann im Büro, vor dem toten Waschek, war wirklich beeindruckend. Alle Achtung. Das erste einer ganzen Reihe von schauspielerischen Bravourstückeln.

Der Manuel ist offensichtlich kein so großes Talent. Und das gefährdet euren an sich nicht blöden Plan. Er wird beim Verlassen des Hauses gesehen und stellt sich bei einer routinemäßigen polizeilichen Befragung anscheinend so ungeschickt an, daß ihn die Kieberer gleich dabehalten. Bullen haben einen Riecher für Leute, die sich schwertun mit dem Lügen. Und sie nehmen ihn in die Mangel. Am Anfang hält er sich noch wacker, leugnet und weiß von nix, aber schön langsam geht ihm die Luft aus, und es kommen ihm ganz düstere Gedanken: Liebt sie mich? Liebt sie mich nicht? Wenn sie mich liebt, warum kommt sie mir dann nicht zu Hilfe? Wenn sie mich nicht liebt, war ich dann nur dazu gut, ihren Alten aus dem Weg zu räumen, auf daß sie freie Bahn hat für die Fahrt ins Glück, an der Seite dieses Austro-Iglesias, der seit ein paar Tagen an ihrem Rockzipfel hängt?

Und weil du ihn da heroben nicht hören kannst, wenn er unten im Häfen um Hilfe schreit, geht er in seiner Verzweiflung den Behördenweg und erzählt den Kriminesern, daß er die Frau Chefin mit ihrem Schlagerstar zur Mordzeit vorm Mordhaus gesehen hat.

Dein Manuel braucht dringend Hilfe, würde ich sagen. Und wenn die Wahrheit im großen und ganzen so ausschaut, wie ich glaub, dann hab ich ein ziemliches Problem damit, daß er jetzt im Bau auf seiner Pritschen hockt und du hier vor mir auf deinem Daunenbett.

Wannst mich fragst: Ich würd schleunigst meinen Arsch in Bewegung setzen und was tun. Das bist du dem Manuel schuldig. Rufzeichen. Mehr fällt mir im Moment dazu nicht ein."

Frau Ilse schnieft nicht, heult nicht, kreischt nicht, sondern sagt nur ganz ruhig: „Würdest du bitte endlich aufhören, wie aufgezogen durchs Zimmer zu rennen. Du machst mich total nervös."

Und nach einer kurzen Pause, in der sie aufsteht und den schwarzen Bettüberwurf glattstreicht:

„Außerdem könntest du dich schön langsam wieder anziehen."

51

Auf dem Weg zum Pool frage ich mich, wie meine im Jakuzzi traumgeborene Lösung des Waschek-Falles bei Frau Ilse wohl angekommen ist. Ihre erste Reaktion war ja nicht wirklich aufschlußreich.

Und ich frage mich weiter, was ich jetzt an ihrer Stelle tun würde: Umgehend die Polizei anrufen und eine Selbstanzeige machen wegen Anstiftung zum Mord? Oder dem wegen Mordverdachts inhaftierten Barmann den teuersten Strafverteidiger der Insel besorgen, ihn auf Kaution freikriegen, in einer Nacht- und Nebelaktion außer Landes schaffen und in einen der zwei-oder dreihundert Staaten dieser Erde verschiffen, wo die Freiheit noch grenzenlos ist, wenn man sich den Luxus leisten kann? Oder vielleicht eine Revolte im lokalen Gefangenenhaus anzetteln und dem Mordbuben den Weg in die Freiheit freischießen lassen von in den übelsten Kaschemmen der Hafengegend angeheuerten Schlägern und Killern?

Oder aber das Problem aus der Welt schaffen, indem man den Schlauberger aus der Welt schafft, der das Mordkomplott als einziger durchschaut hat? Zum Beispiel mit einem gezielten Schuß in den Hinterkopf.

Ich dreh mich um. Aber der Garten und die Sonnenterrasse sind menschenleer und im Haus ist alles ruhig.

Und dann frage ich mich, wo meine Kleider geblieben sind. Die Liege neben dem Pool, auf der ich sie vor dem Nickerchen im Jakuzzi deponiert habe, ist leer. Auf einer weiteren Sonnenliege liegt nur das Badetuch, mit dem mich Frau Ilse so überaus gründlich trockengerieben hat. Und auch eine genaue Inspektion des englischen Rasens, des Gemüsegärtleins, sowie der Sträucher und Gebüsche bringt mir meine Schale nicht wieder.

Ich stehe nackt am Pool und will nicht so recht an einen Lausbubenstreich glauben. Vielmehr habe ich das ungute Gefühl, daß Frau Ilse und ich Besuch bekommen haben – von Leuten, die niemand zu sich nach Haus einladen würde.

52

Man hat ja im normalen Leben nicht tagtäglich mit Profis zu tun. Entsprechend überfordert ist der Laie, wenn er im Urlaub gleich mehrmals am Tag mit Damen und Herren konfrontiert wird, für die das Töten fixer Bestandteil ihres Berufsbildes ist.

Konkret: Ich komme zurück in den Waschek-Palast und höre ein scheußliches Würgen und Stöhnen. Mein erster Gedanke: Frau Ilse reagiert auf meine Jakuzzi-Theorie nach Überwindung des ersten Schocks mit nervösem Erbrechen. Und noch ehe ein zweiter Gedanke die Chance kriegt, in meinem Hirn Platz zu greifen, rammt mir irgend jemand ein eiskaltes Stück Metall zwischen die Schulterblätter und meint: „Kein Mucks. Sonst knallts."

Hätte ich unten am Pool meine Hosen wiedergefunden, sie wären jetzt voll bis ins Kreuz. Aber so lasse ich in meinem

Schreck nur das feuchte Badetuch los, mit dem ich mich notdürftig bedeckt hatte.

Der Profi in meinem Rücken dirigiert mich zu Frau Ilses Spielzimmer, ich darf die Tür öffnen, und dann bringen mich Metall und Muskelkraft dermaßen aus dem Gleichgewicht, daß ich über den Steinboden schlittere und mich erst Frau Ilses fein bestrumpftes Bein zum Anhalten bringt.

Es dauert ein paar Sekunden, bis mein Orientierungssinn wieder voll einsetzt und sich die Koordinaten bestimmen lassen. Es sieht, um mit dem Doc zu sprechen, garnicht gut aus: Frau Ilse hockt am Boden vor dem Himmelbett, die Arme überm Kopf mit Klebeband an den Bettpfosten gefesselt. Ich liege zu ihren Füßen auf dem Bauch. Und vor uns stehen der graue Herr Steffen aus Deutschland, einen Trommelrevolver in den Hand, wie ich ihn davor eigentlich nur bei *Dirty Harry* gesehen habe, sowie seine russische Kollegin, deren Namen ich nicht kenne, sehr wohl aber den Grund für ihren großen weißen Kopfverband und die frische Schürfwunde auf der Nase und um den rechten Mundwinkel. Die Verletzung trägt nicht wesentlich zur Verbesserung ihrer Laune bei, und sie grüßt auch nicht, als ich ein paar Schritte von ihr entfernt auf dem Boden zum Stillstand komme. Ganz anders ihr deutscher Partner. Er vergißt auch mit der Knarre in der Hand nicht seine guten Manieren.

„Sehr schön, daß Sie, unbekannter Weise, zu uns gestoßen sind“, meint Herr Steffen und zeigt bei einem hyänenhaften Lächeln seine dritte Zähne. „Ihre Anwesenheit, Herr ...“

„Ostbahn“, sage ich, „Kurt Ostbahn.“

„Ihre Anwesenheit, Herr Ostbahn, wird uns helfen, die Verhandlungen mit Frau Waschek möglichst kurz zu gestalten. Der Modus operandi ist ganz einfach. Entweder Frau Waschek kooperiert, oder Sie werden leiden.“

„Großartig“, sage ich.

Da trifft mich auch schon mein eigenes Hemd, waschelnaß und von der russischen Fachfrau mehrfach kunstvoll geknotet. Der erste Schlag legt meine rechte Schulter lahm, der zweite die gesamte Nierenpartie, und der dritte hätte mir wahrscheinlich das Kreuz gebrochen, wenn ich mich nicht mit einer Behendigkeit, die mich jetzt im nachhinein über mich selbst staunen läßt, zur Seite gedreht und in Embryostellung gebracht hätte.

Während Frau Ilse entsetzt aufkreischt, fällt mir ein guter alter Bekannter ein, der Gruppeninspektor Brunner aus dem Wiener Sicherheitsbüro, der mir einmal bei einer gemeinsamen Flasche Scharlachberg von den unlauteren Verhörmethoden einiger seiner Kollegen berichtet hat. Das Schlagen mit nassen Fetzen oder dem amtlichen Wiener Telefonbuch steht da ganz hoch im Kurs, weil es überaus effektiv ist, ohne beim Delinquenten bleibende Spuren zu hinterlassen. Sollte ich Wien und den Brunner jemals wiedersehen, kann ich ihm stolz berichten, daß sich diese Verhörmethode auch international großer Beliebtheit erfreut und ich selbst Gelegenheit hatte, aus russischer Hand ihre Bekanntschaft zu machen. Dann fällt mir der Bertl ein, wie er in der Garage des zukünftigen *Aphrodite Resort* am Haken hing, und ich wage die Prognose, daß Steffens russische Perle noch ganz andere Methoden im Köcher hat, die sie sicherlich gern und mit Hingabe auch bei mir zur Anwendung bringen würde.

„Ich hoffe, Sie nehmen uns diese kleine Demonstration nicht übel“, sagt Herr Steffen, während sich zwei russische Hände mit eisernem Griff um meine Arme legen, um diese dann überm Kopf mit Lassoband am zweiten Bettpfosten festzukleben. „Es sollen nur keine Mißverständnisse aufkommen, was das Gesprächsklima betrifft, falls ihrerseits Zweifel an der Ernsthaftigkeit unserer Absichten bestehen sollten.“

„Lassen sie den Kurtl in Ruh, er hat mit der ganzen Sache doch nix zu tun“, sagt Frau Ilse flehentlich.

„Is schon okay“, versuche ich sie zu beruhigen. „Die Herrschaften machen nur ihren Job.“

Ich will vermeiden, daß Frau Ilse in ihrer Aufregung ins Plaudern kommt, und den beiden Professionisten womöglich unter die Nase reibt, daß wir ihnen heute seit dem frühen Morgengrauen massiv ins Handwerk gepfuscht haben. Denn wenn das passiert, dann haben wir nicht nur den Arsch offen, wie man so sagt.

„Sehr bedauerlich, was ihrem Mann zugestoßen ist", wendet sich Herr Steffen an Frau Ilse und kommt dann sofort zum geschäftlichen Teil unseres Meetings. „Aber sein plötzliches Ableben stellt auch uns vor veränderte Tatsachen. Wie Sie vielleicht wissen, waren Herr Waschek und wir Partner bei einem Projekt, das – wie soll ich sagen – höchst delikaten Charakters ist. Was bedeutet, daß man als ausländischer Investor auch auf das Wohlwollen und die Kooperationsbereitschaft der lokalen Behörden und Politiker angewiesen ist. Und da kann man sich einen Mordfall im Kreise der Gesellschafter ganz einfach nicht leisten. Sie kennen ja die Mentalität der örtlichen Volksvertreter, Frau Waschek. Man ist zwar korrupt bis in die Knochen, aber man ist auch äußerst sensibel, was das Image in der Öffentlichkeit betrifft."

„Wenn sie dieses *Aphrodite Resort* meinen, darüber weiß ich nix", sagt Frau Ilse.

„Genau das meine ich", sagt Herr Steffen. „Und daß sie darüber nichts Genaues wissen, wird unserem Gespräch keinen Abbruch tun. Es geht im Grunde nur um das eine: Der häßliche Mord an ihrem Gatten blockiert massiv unsere Arbeit, im Besonderen die jener Betriebsgesellschaft, die das Projekt *Aphrodite Resort* in den nächsten Monaten vorantreiben soll. Und deshalb werden Sie, Frau Waschek, nun dieses Papier unterzeichnen, demnach sich *WW Enterprises* noch im Projektstadium von *Aphrodite Resort* zurückgezogen hat. Alles weitere, den ganzen Papierkram, erledigt dann Doktor Rössler."

Herr Steffen zieht einen weißen Umschlag aus der Sakkotasche. Und Frau Ilse schüttelt heftig den Kopf.

„Ich unterschreib garnix“, bockt sie. „Ich unterschreib nie irgendwas, ohne vorher mit dem Doktor Rössler gesprochen zu haben.“

Herr Steffen wirft seiner russischen Fachfrau einen kurzen Blick zu. Sie klaubt mein nasses Sommerhemd wieder vom Boden auf und zieht vor meinen Augen langsam und bedächtig die Knoten nach.

„Scheiß auf den Doktor Rössler! Unterschreib!“ sage ich, um irgendwas zu sagen, das sie vielleicht von ihrem Vorhaben abbringen könnte.

„Der Doktor Rössler ist mein Anwalt. Und ohne ihn unterschreib ich keinen Vertrag, in dem dann womöglich drinsteht, daß diesem Herrn da ab morgen meine ganze Firma gehört“, ereifert sich Frau Ilse.

Wäre die Situation weniger eng, hätte ich vollstes Verständnis für ihre Nöte und Sorgen. Aber jetzt, wo mich mein Hemd eine Handbreit über der linken Kniescheibe trifft, rufe ich ihr aus voller Kehle zu:

„Un-ter-schreib!“

„Sie könnten ihrem Freund viele unnötigen Schmerzen ersparen, wenn sie zumindest überfliegen würden, was Doktor Rössler für Sie aufgesetzt hat“, meint Herr Steffen, lächelt relativ milde und zieht ein Blatt Papier aus dem weißen Umschlag.

Frau Ilse schüttelt immer noch den Kopf, aber jetzt nicht mehr ganz so stur und heftig.

„Was haben Sie mit dem Doktor Rössler zu tun?“ fragt sie.

„Er vertritt nicht nur Sie, Frau Waschek, er vertritt auch unsere Interessen, zumindest was unsere Aktivitäten hier im Süden betrifft. Und unser gemeinsames Mittagessen heute war überaus aufschlußreich, was die Zukunft unserer Geschäftsverbindungen zum Hause Waschek betrifft.“

„Der Doktor Rössler ist seit zehn Jahren mein Anwalt. und er würde nie mit einem anderen Klienten meine Angelegenheiten besprechen“, sagt Frau Ilse, weil sie offensichtlich nicht begreifen will, daß es nicht nur in italienischen Fernsehserien Advokaten gibt, die für ein anständiges Mittagessen und eine ansprechend hohe Geldzuwendung im Ausnahmefall auf ihre anwaltlichen Pflichten vergessen.

„Wie ich heute bei Tisch von Doktor Rössler erfahren habe, Frau Waschek, haben Sie seine Kanzlei mit der Verteidigung eines ihrer Angestellten beauftragt, dieses Manuel Irgendwas, der unter Verdacht steht, ihren Mann erschossen zu haben. Eine ebenso ungewöhnliche wie großzügige Geste."

„Der Manuel ist unbezahlbar, eine Spitzenkraft ...", hebt Frau Ilse zu einem längeren Plädoyer für ihren Mörder an, aber Herr Steffen bringt sie mit einem Konter zum Schweigen, der auch mich überrascht.

„Ich zweifle keine Sekunde an den Qualitäten dieses jungen Mannes", sagt er, und dann ist da wieder dieses hyänenhafte Lächeln. „Aber was wird die Polizei wohl darüber denken, wenn sie erfährt, daß Sie Ihrer Spitzenkraft seinen bisherigen Arbeitsplatz, die Poolbar in der *Oasis*-Anlage, für lächerliche – oder sagen wir lieber: symbolische – zehntausend Peseten im Jahr in Pacht übergeben haben. Und welche Schlüsse wird die Polizei wohl ziehen, wenn sie erfährt, daß dieser Pachtvertrag von Ihnen just einen Tag nach der Ermordung ihres Gatten unterzeichnet wurde? Noch irgendwelche Fragen, Frau Waschek?

Frau Ilse nagt an ihrer Unterlippe. Wahrscheinlich, weil sie keine weiteren Fragen hat.

Und mich wurmt einmal mehr die Ungerechtigkeit der Welt. Ich muß mich den ganzen wohlverdienten Urlaub lang belügen, in die Wüste schicken und mit nassen Fetzen birnen lassen, um der Wahrheit auf den Grund zu kommen; und internationale Gangster wie dieser Steffen gehen ein einziges Mal mit ihrem Anwalt Mittagessen und haben spätestens beim Dessert nicht nur den Täter, sondern haben diesen gleich auch mit belastendem Material fest in ihrer Hand.

Herr Steffen zückt eine goldene Füllfeder, und seine russische Perle ein Springmesser. Während der graue Panther die Papiere zur Unterschrift vorbereitet, kniet seine Partnerin neben Frau Ilse nieder und läßt vor ihren Augen die Klinge aufschnappen. Der Schaufelhieb des Doc konnte ihr die Lust auf üble Späße offensichtlich nicht austreiben, denn sie knurrt genießerisch, als sie mit der Klinge über Frau Ilses zarte Haut und die zarten Spitzen ihrer Dessous streicht. Aber Herr Steffen sieht das im Moment nicht so gern, sagt ihr das auch (vermute ich, denn er spricht russisch) und verdirbt ihr damit endgültig den Tag. Anders kann ich mir ihre Reaktion nicht erklären: Anstatt Frau Ilses rechte Hand zum Zwecke der Unterschriftsleistung von der Klebebandfessel zu befreien, durchtrennt sie zuerst mit zwei flink geführten Schnitten die Spaghettiträger der raffiniert geschnittenen Corsage und gleich danach zwei der vier mit Rüschen besetzten Strapsbänder. Dabei umspielt ein garstiges Lächeln ihre zerschundenen Lippen.

Frau Ilse flucht leise, aber gar nicht fein, als ihr Oberteil nach unten gleitet und ihre Brüste freilegt, und sie flucht laut und deutlich, als letztendlich ihr rechter Arm in rüder KGB-Manier vom Bettpfosten losgemacht wird.

Dann setzt sie mit zitternder Hand ihre Unterschrift unter das Papier, das *ihr* Doktor Rössler zu *ihrem* Schaden aufgesetzt hat.

„Der Waschek hat ein Vermögen in dieses *Aphrodite Resort* gesteckt“, sage ich zu Steffen, weil Frau Ilse im Moment anscheinend weniger an die Zukunft ihres Imperiums denkt, als an die Schmach, die ihr soeben von russischer Seite angetan wurde. „Wieviel werden Sie der Witwe zurückerstatten?“

„Ich glaube nicht, daß Sie das was angeht, Herr Ostbahn“, meint Herr Steffen und läßt das Papier wieder in seiner Tasche verschwinden.

„Ich bin ein Freund der Familie“, sage ich.

„Wieviel?“ meldet sich Frau Ilse, der schön langsam dämmert, daß sie mit ihrer Unterschrift vielleicht ihre gesamten Ersparnisse einem Vertreter des deutsch-russischen Syndikats überschrieben hat.

„Wir dachten an 20 Prozent", sagt Herr Steffen.

„20 Prozent?!" kreischt Frau Ilse.

„Und die Garantie, daß diverse belastende Dokumente und Unterlagen bei Doktor Rössler unter Verschluß bleiben und nicht der Polizei oder anderen Interessenten übergeben werden."

„20 Prozent?" wiederholt Frau Ilse matt. Sie ist den Tränen nahe und leistet keinerlei Widerstand, als ihr rechter Arm wieder am Bettpfosten festgeklebt wird.

„Versuchen Sie auch unsere Seite zu verstehen, Frau Waschek. Wir hatten eine Menge Spesen, Ärger und Scherereien. Und vergessen Sie nicht die enormen Anwaltskosten."

Noch ein hyänenhaftes Lächeln. Dann ist für Steffen das Meeting gelaufen. Die lädierte Kampfmaschine an seiner Seite packt ihr Handwerkszeug ein, und auf dem Weg zur Tür dreht sich der graue Panther noch einmal um.

„Ein Tip noch: Sollte, was ich nicht annehme, ihr österreichischer Landsmann, dieser Brehm, einen weiteren Versuch unternehmen, Sie mit ihrer ruhmreichen Vergangenheit im schönen Wien zu erpressen, dann sagen Sie Doktor Rössler Bescheid. Diese Ratte wird den Tag nicht überleben!"

„Und wie ist das mit uns?" erkundige ich mich. Aber diesbezüglich hat Herr Steffen keinen heißen Tip auf Lager.

„Sie werden sich schlimmstenfalls den Arsch abfrieren. Aber da kommt man drüber weg, schätze ich."

53

„Du sitzt morgen in deinem Flugzeug und kannst vergessen, was passiert ist. Das geht dich alles nix mehr an“, schluchzt Frau Ilse. „Aber ich? Was is mit mir? Das is alles so furchtbar, Kurtl!“

Ich setze in den zehn Minuten, seit das Syndikat das Haus verlassen hat, zum zirka dreihundersten Mal zu einer Erklärung an. Und zwar des Inhalts, daß ich morgen in keinem Flieger sitzen werde und bei einem Glas Schaumwein mit dem Vergessen beginnen kann, wenn sich nicht bald einmal ein müder Wanderer in den Waschek-Palast verirrt und uns von den Bettpfosten losmacht.

Aber es hat keinen Sinn. Frau Ilse heult Rotz und Wasser und beharrt auf ihrer These, daß es mir im Grunde echt super geht, ihr hingegen ganz furchtbar schlecht.

„Weißt du, wann wir wirklich alt ausgeschaut hätten?“ frage ich, um sie auf andere Gedanken zu bringen, denn schließlich kann kein Mensch vernünftige Überlegungen anstellen, wenn neben ihm ein anderer heult wie ein Schloßhund. „Stell dir vor, die Russin hätte einen Blick in deinen Schrank riskiert und dein ganzes Spielzeug gefunden. Ich möcht lieber nicht wissen, wie wir jetzt beinand wären.“

„Was redst denn für einen Stuß, Kurtl?“ sagt Frau Ilse und zieht den Rotz hoch. „In dem Kasten is doch nix. Nur zwei alte Luftmatratzen und dem Walter sein Angelzeug, das ich ihm zum Geburtstag geschenkt hab. Und weißt du was?“

„Nein“, sage ich.

„Er hat es kein einziges Mal benutzt. Nicht ein Mal!“

Frau Ilse wird neuerlich von einem Weinkrampf geschüttelt.

„Und wieso is sonst nix in dem depperten Kasten?“ sage ich, weil der selige Walter auch kein Thema ist, das Frau Ilse die Tränen trocknet. „Du hast doch vorher gesagt, ich soll in den Kasten schauen, und dort werd ich allerhand ...“

„Aber das war doch nur ein Spiel", schnieft Frau Ilse. „Spielst du nie solche Sachen?"

„Nein", sage ich.

Schweigen.

„Du, vielleicht kann man das Klebeband aufbeißen, mit den Zähnen?" macht Frau Ilse den ersten konstruktiven Vorschlag, seit wir wieder allein in ihrem Spielzimmer sind.

Die Idee ist theoretisch gut, scheitert in der Praxis allerdings daran, daß keiner von uns beiden über die Anatomie einer Giraffe verfügt. Steffens Expertin hat schon gewußt, warum sie uns die Hände so hoch überm Kopf an die Bettpfosten geklebt hat, daß man das Lassoband mit den Zähnen nicht lösen kann.

Mein negativer Bescheid treibt Frau Ilse auf ein neues die Tränen in die Augen.

„Still jetzt. Da is was", sag ich, weil ich irgendwo im Haus ein Geräusch gehört habe. Frau Ilse stellt schlagartig ihr Schluchzen ein.

Stille.

„Und wenn die zurückkommen und uns umbringen wollen?" flüstert sie. Ich lasse mir auch diese Möglichkeit durch den Kopf gehen, mit dem Ergebnis, daß auch mir schön langsam zum Heulen ist.

Dann höre ich Schritte. Sie kommen näher. Und eine zarte Mädchenstimme fragt:.

„Ilse? Kurtl? Hallo? Ist da jemand?"

Und schon geht die Tür auf, und Sarah steht da. Blond, liebreizend und großäugig, wie sich das für einen richtigen rettenden Engel gehört.

„Scheiß mich an", meint sie, vielleicht nicht ganz standesgemäß, und ihre Augen werden immer größer, als sie nach und nach das Ausmaß der Malaise erfaßt, in der sich Frau Ilse und ich befinden.

Eine Zeitlang steht sie bloß so da, läßt unseren Anblick auf sich wirken und erkundigt sich dann:

„Was isn mit euch los?"

Dann bringt Frau Ilse sie auf die Idee, in die Küche zu gehen und ein Messer zu holen, oder eine Schere, irgendwas, um uns von den Bettpfosten loszumachen.

Sarah nickt aufgeregt und will losrennen, als der Trainer in der Tür auftaucht. Außer sich, schätze ich. Denn andernfalls würde er zuerst hell auflachen, anschließend ein Dutzend saublöder Fragen stellen, dann aber versuchen, Frau Ilse und mich aus unserer mißlichen Lage zu befreien. Aber in seinem momentanen Zustand ist er bloß dazu imstande, Unzusammenhängendes von sich zu geben:

„Der is weg. Einfach pfutsch. Da is nix mehr. Nur Wald und Bäume. Scheiße. Das wär nie passiert, wenn der Kurtl ned einfach verschwunden wär, mitten im Reden. Warum muß ich mich überhaupt immer um alle kümmern? Ich bin ja ned sein Kindermädl. Und ich bin auch nicht die Polizei. Und das Ärgste: Explodiert is auch nix. Kein Rauch. Kein Feuer. Garnix. Einfach pfutsch. Und sowas gibts eigentlich nicht. Das is doch normalerweise unmöglich."

Sarah deutet stumm auf die Bescherung im Spielzimmer.

Der Trainer ist einen solchen Anblick entweder von daheim so gewöhnt, oder aber er steht dermaßen unter Schock oder Drogen oder Alkohol, daß er zur Wahrnehmung der harten Realität erst mit einer gewissen Zeitverzögerung in der Lage ist.

„Was sagst du, Kurtl? Gibts sowas?" fragt er in den Raum und schaut dabei Sarah an oder durch sie hindurch. Wir wissen es nicht.

„Gehts endlich wer in die Küche und holts ein Messer oder eine Scher", werde ich laut.

Aber der Trainer denkt nicht dran, also denkt auch Sarah nicht mehr dran. Und beide reden auf mich und Frau Ilse ein, als wären wir zu ihrer Rettung abkommandiert und nicht umgekehrt.

„So schnell kannst garned schauen, Kurtl, war der Wagen

da. Ich will ausweichen und verreiß nach links, da kommt er ins Schleudern und is auf einmal weg von der Straße", sagt der Trainer.

„Er kann wirklich nix dafür", fällt ihm Sarah ins Wort, „es war ganz allein meine Schuld. Ich hab ihn abgelenkt, für ein paar Sekunden. Und plötzlich kommt der Jeep direkt auf uns zu, mitten in der Kurve."

Ich weiß aus langjähriger bitterer Erfahrung, wie der Trainer Auto fährt. Ich weiß nicht, wie er mit einer Beifahrerin wie Sarah Auto fährt. Und ich will es auch gar nicht wissen. Zumindest nicht so genau. Aber Sarah ist nicht zu stoppen:

„Der Jeep war viel zu schnell unterwegs. Der is mit einem Karacho den Berg hinunter, und plötzlich waren wir da. Wir wollten eh noch ausweichen, gelt? Aber da ist der Jeep plötzlich nach rechts ausgebrochen und durch die Leitplanke. Und weg war er. Verschwunden in der Schlucht."

„Welcher Jeep?" frage ich.

„Irgendein Jeep, was weiß ich", sagt der Trainer.

„*Hertz*", sagt Sarah. „Das war so ein Mietwagen, wie wir ihn heut vor der Baustelle bei La Orotava gesehen haben."

„Und mit dem dann der grauhaarige Deutsche weggefahren ist?" erkundigt sich Frau Ilse.

„Genau", sagt Sarah.

„Und wer war drin?" frage ich.

„Keine Ahnung", sagt der Trainer. „Zwei Leut, glaub ich. Das is alles viel zu schnell gegangen."

„Ich hab nur gesehen", sagt Sarah, „daß der Beifahrer ein weißes Kapperl aufgehabt hat."

„Ein weißes Kapperl?" fragt Frau Ilse. Ich kann mich auch irren, hab aber so den Eindruck, daß sie mit einem Schlag wieder viel frischer ausschaut, weit weniger gezeichnet von den Schicksalsschlägen der letzten Stunden.

„Ein weißes Kapperl oder ein weißes Kopftuch. Irgendwas Weißes halt", sagt Sarah.

„Und wo ist der Jeep jetzt genau?“ frage ich den Trainer.
„Weg. Irgendwo unten im Wald. In der Schlucht.“
„Großartig“, sage ich.
Und meine es auch so. Ausnahmsweise.

54

Larry spielt *As Time Goes By*, die Sonne geht unter, und Frau Ilse hat für uns auf der Terrasse den Tisch mit der schönsten Aussicht herrichten lassen.

Die Gastgeberin läßt sich entschuldigen. Ebenso der Bertl. Er liegt im Bungalow auf der Couch, weil er über die größte Niederlage seines Lebens noch nicht nachdenken will und daher ganz dringend ein paar Stunden Schlaf braucht. Außerdem tun ihm alle Knochen weh. Frau Ilse hat vorhin ganz ähnlich gesprochen und mich gebeten, den anderen was von massiver Migräne und/oder einem wichtigen Termin in Verlassenschaftsangelegenheiten zu erzählen.

Ahja, und ich soll in ihrem Namen mit all jenen aus unserer kleinen Reisegruppe anstoßen, die morgen schon den Heimflug antreten müssen.

Und das sind, so wie sich die Lage jetzt – nach dem Filet vom argentinischen Rind und mit dem Eintreffen von *Carlos III* – darstellt, der Doc und ich.

„Die Sarah kann morgen natürlich unmöglich fliegen“, klärt mich der Trainer auf, nachdem ich Frau Ilses Grußbotschaft überbracht habe und eben mit Sarah anstoßen will. „Sie muß sich zur Verfügung der Behörden halten und ihre Aussage machen. Und da wartet noch allerhand Arbeit auf uns.“

„Inwiefern?“ erkundige ich mich und stelle *Carlos III* wieder ab.

„Gottseidank waren dein Gomez und dein Alvarez heute nicht da, als die Sarah deinen Schwachsinn von der Bergtour in Badeschlapfen und dem verlorenen Schlüsselbund zu Protokoll geben wollte. Das Gschichtl nimmt nicht einmal dir wer ab, Kurtl. Das is echt schwach. Da muß eine handfeste überzeugende Story her. Eine zündende Idee. Ich nehm das in die Hand. Mir fallt garantiert was ein", sagt er und legt ritterlich den Arm um Sarahs schmale Schultern.

„Verstehe", sage ich. Und wende mich dann an meine Silvesterbekanntschaft, die am Trainer in den Tagen ihrer gemeinsamen Rekonvaleszenz offensichtlich Seiten entdeckt hat, die mir bislang verborgen geblieben sind:

„Du weißt hoffentlich, worauf du dich da einlaßt?" sage ich. „Das kann beim Trainer Tage dauern. Was heißt Tage? Wochen! Vielleicht sogar Monate."

„Super", sagt Sarah, nickt zufrieden und reibt dabei ihre Wange am ritterlichen Arm des Trainers.

„Und das geht so einfach?" will ich der Vollständigkeit halber wissen.

„Was?" sagt der Trainer und blickt dabei Sarah tief in die großen grünen Augen.

„Das Dableiben", sage ich.

„Der Doc kann das", strahlt Sarah. „Der setzt sich fünf Minuten an seinen Computer, und schon haben wir unsere Rückflugtickets umgebucht. Der Typ ist echt ein Genie."

Doktor Trash lächelt bescheiden und nippt an seinem *Carlos III*, als wärs bittere Medizin.

„Weiß ich", sage ich. „Aber davon red ich nicht. Ich red von dir, deinem Studium ..."

„Studium?" gluckst Sarah.

„Das Thema haben wir, wenn ich mich recht erinnere, bereits vor Tagen am Telefon besprochen", fällt mir der Doc in den Rücken.

„Ahja?"

Vielleicht ist es nur die Müdigkeit. Heute war, alles in allem, ein ziemlich harter Tag, angeräumt mit Offenbarungen, die ich mir lieber erspart hätte. Jedenfalls kann und will ich mich jetzt nicht daran erinnern, was ich bereits vor Tagen mit dem Doc angeblich telefonisch besprochen habe.

Ich will eigentlich nur noch mit *Carlos III* auf einen halbwegs problemlosen Heimflug trinken und mich dann ohne Umschweife ins Bett verfügen, falls der zur Datenzentrale und Gratisherberge verkommene Bungalow auch noch für mich ein Nachtlager bereithält.

„Und außerdem: Wer sagt denn, daß die Sarah weiter beim Hammermüller bleiben will?" höre ich den Trainer sagen.

Niemand sagt das. Und ich als allerletzter. Aber ich weiß eigentlich nicht, was er mir damit sagen will. Der Trainer hat durch seinen unorthodoxen Fahrstil dem zukünftigen Leben von Ilse Watouschek eine neue, unerwartete Wendung zum Positiven gegeben. Und mehr als eine gute Tat am Tag wird auch von ihm kein Mensch erwarten. Also was will er noch? Und vor allem: Wer oder was ist der Hammermüller?

Der Hammermüller, wird mir der Doc tags darauf an Bord eines Airbus mit Destination Wien-Schwechat eröffnen, ist ein Textilgroßhändler aus Dornbirn, in dessen Wiener Betriebswohnung beim Wilhelminenspital Sarah logiert, weil sie erstens Verkäuferin in einer seiner Innenstadt-Boutiquen und zweitens eine seiner zahlreichen ganz großen Lieben ist. Oder besser: gewesen ist. Denn seit der Silvesternacht, die der Hammermüller mit Sarah in trauter Zweisamkeit verbringen wollte, dann aber doch lieber im Kreise seiner Familie in Dornbirn zugebracht hat, ist bei Sarah der Ofen aus. Hammermüller-mäßig. Und ihr Silvesterrausch im *Espresso Rosi* mit anschließender Urlaubsfahrt hat ihr endgültig die Augen geöffnet und ihrem jungen Leben endlich Sinn gegeben.

Daß der Sinn in ihrem Leben ausgerechnet auf den Namen Trainer hört, wird der Doc mit den Worten kommentieren: „Zwei Orientierungslose auf der Fahrt ins Glück. Ohne Karte und ohne Kompaß. Aber ausgestattet mit dem Mut und der

Einfalt von Frischverliebten. Ich schätze, wir sehen die beiden ehebaldigst wieder."

Manchmal fragt man sich Dinge, die einen längst nix mehr angehen.

Als mit *Carlos III* das eine oder andere Wort des Abschieds gesprochen ist, wollen Sarah und der Trainer eigentlich nur noch ins Bett, der Doc aber möchte zumindest ein einziges Mal das Meer aus nächster Nähe gesehen haben.

Also begleite ich ihn hinunter an den Strand, wo er schweigend in den sternenklaren Himmel und hinaus in die Weiten des Ozeans blickt.

„Überraschend eindrucksvoll", sagt er nach gut einer Viertelstunde, dreht sich dann unvermittelt um und stapft durch den Sand zurück auf die Promenade, wo mit Geplärr und Getöse das Nachtleben seinen Betrieb aufnimmt.

Als wir in den Bungalow zurückkehren, sitzt Sarah auf der Couch, auf der eigentlich der Brehm-Bertl seine jüngste Niederlage wegschlafen wollte, und der Trainer drückt mir einen kanarigelben Zettel in die Hand.

„Für dich", sagt er.

Es ist ein Werbeflugblatt von *WW Rent-A-Car*, das dem Teneriffa-Reisenden das bereits sprichwörtliche Waschek-Service, sowie den einzigartigen Österreicher-Bonus in Aussicht stellt. Auf der Rückseite steht in großen Blockbuchstaben nachfolgende Botschaft:

Lieber Kurti!

Vielen Dank für Deine Hilfe. Ich muß jetzt aber leider weiter. Wie Du Dir sicher vorstellen kannst, fühle ich mich hier nicht mehr sicher. Auf ein baldiges Wiedersehen in Wien.

Dein Freund Bertl

Ebenfalls im Haymon-Verlag erschienen:

Tschonnie Tschenett

Kriminalromane
von
Kurt Lanthaler

Tschonnie Tschenett – Der Tote im Fels

„Ein virtuos geschriebener Coctail aus Kriminalgeschichte, Heimatroman und Gesellschaftsstück." (*Alto Adige*)
„Witzig und spannend ..." (*Neues Deutschland*)

Tschonnie Tschenett – Grobes Foul

„Der Autor beweist Souveränität und bestens ausgebildetes Gespür für den Kriminalroman."
(Franz Dobler in *Szene*, Augsburg)

Tschonnie Tschenett – Herzsprung

„Genaue Milieuschilderungen, feine Gedankenspiele und eine sauber durchgehaltene Dramaturgie." (*Buchkultur*)
„Herzsprung ist kein Krimi mehr. Dafür ein Buch, das man unbedingt lesen sollte. Denn Lanthaler hat etwas zu sagen ..." (*profil*)